Ulmer Taschenbuch 14

Christine Recht
Max F. Wetterwald

Ernte am Wegrand

49 Farbfotos
28 Zeichnungen

Verlag Eugen Ulmer

Zeichnungen von Claudia Hosslin,
Therwil (Schweiz)

CIP-Kurztitelaufnahme der Deutschen Bibliothek

Recht, Christine
Ernte am Wegrand / Christine Recht,
Max F. Wetterwald. –
Stuttgart : Ulmer 1985
Ulmer Taschenbücher; 14
ISBN 3-8001-6265-2

NE: Wetterwald, Max F.

Wollgrasweg 41, 7000 Stuttgart 70 (Hohenheim)
Printed in Germany
Satz: Typobauer Filmsatz GmbH, Ostfildern 3
Reproduktionen: time scan Reproduktionen GmbH,
Leinfelden-Echterdingen 2
Druck und Bindung: Georg Appl, Wemding

Vorwort

Man braucht keinen Garten, um frisches Gemüse, Kräuter und Früchte zu ernten. Die ganze Natur ist ein einziger Garten, in dem jeder ernten kann, der mit offenen Augen darin spazieren geht. Von jedem Spaziergang kann man so viel frisches Gemüse, soviele Kräuter und Beeren mit nach Hause nehmen, wie man nur braucht – vorausgesetzt, man weiß, was eßbar ist und was gut schmeckt. Viele Pflanzen, die man am Wegrand, im Wald, auf Wiesen und an Feldrändern findet, sind als Unkraut abgestempelt, werden oft mit Spritzmitteln ausgerottet oder gar im eigenen Garten hartnäckig bekämpft. Dabei sind es oft gerade diese Pflanzen, die mit ihrem würzigen Aroma und mit ihrer hohen Heilkraft viel wertvoller sind, als manche hochgezüchtete Kulturpflanze.
Dieses Buch soll dazu beitragen, daß jeder, der seinen Speiseplan mit Wildpflanzen und Wildfrüchten bereichern will, an der Ernte am Wegrand, im Wald und auf der Wiese auch die richtige Freude hat. Wir haben bewußt eine Auswahl getroffen und nur Pflanzen beschrieben, die leicht erkennbar sind und wirklich gut schmecken. Natürlich kann man noch viele andere Pflanzen als Nahrung zubereiten, aber bei vielen lohnt es sich nicht, weil man entweder zu viele sammeln muß, um eine einzige Mahlzeit zu bereiten, oder weil sie nicht besonders gut schmecken. Auch ausgefallene Heilpflanzen, deren Anwendung man lieber dem Arzt überlassen sollte, blieben ausgespart; desgleichen Pflanzen, die man leicht mit giftigen Arten verwechseln kann. Geschützte und gefährdete Arten sollen weiterwachsen, selbst wenn sie noch so gut schmecken.
Mit anderen Worten: Beschrieben sind die Pflanzen, die unsere Großeltern noch ganz selbstverständlich in ihrer Küche oder als Heilmittel verwendet haben und die man noch heute auf dem Land als wohlschmeckend und heilkräftig kennt, Pflanzen, die überall am Wegrand oder im Garten als Unkraut wachsen.
Max Wetterwald hat die Wildpflanzen dort fotografiert, wo man sie findet: in der freien Natur, und so, daß man sie einwandfrei erkennen kann, ohne zusätzlich noch Bestimmungsbücher zu Rate ziehen zu müssen. Die Fotos zeigen, daß diese wohlschmeckenden und heilkräftigen Wildpflanzen auch schön sind. Ein weiterer Grund, sie nicht als »Un-Kraut« abzutun.

Christine Recht
Neuried, im Frühjahr 1985

Inhalt

Ernten: Sammeln, Pflücken, Schneiden

Was ernten

Die Ernte am Wegrand, in Wald und Wiese ist vielfältig, viel reicher als in einem Garten. Für Gemüse und Salate findet man vom zeitigen Frühjahr bis in den Winter hinein grünes Blattwerk, im Hochsommer aromatische Pflanzen und Samen für Gewürze. Spätsommer und Herbst sind die große Zeit der Beeren- und Nußernte. Für heilkräftige Tees aus Blüten und Blättern ist das ganze Jahr über Saison – sind die Blüten vorbei, kann man die Blätter, Früchte oder Wurzeln sammeln.
Viele Wildpflanzen kann man sogar zweimal im Jahr ernten. Im zeitigen Frühjahr findet man schon den jungen Löwenzahn, Spitzwegerich und Brennnesseln auf Wiesen und an Wegrändern. Wenn im Sommer die Wiesen abgemäht sind und das Heu eingebracht ist, sind dieselben Pflanzen fast ebenso jung und zart nochmals zu ernten. Wer Tee aus Brombeer- und Himbeerblättern mag, kann die jungen Blättchen im Frühjahr nach dem Austreiben pflücken und während der Reifezeit der Beeren noch einmal den zweiten Trieb.
Viele Pflanzen bieten nicht nur ihre Blätter und Früchte als Nahrung an, sondern auch die Blüten. Am bekanntesten sind wohl die Holunderblüten, die man zu vielen feinen Gerichten, vor allem zu Süßspeisen, verwenden kann. Aber auch die Blüten der Heckenrose, des Löwenzahns, das Gänseblümchen und die Schlüsselblume sind schmackhaft und heilkräftig. Von einigen Pflanzen ist die Wurzel zu verwenden, etwa vom Löwenzahn und von der Wegwarte. Man darf aber dabei nicht vergessen, daß man mit der Wurzel auch die Pflanze ausrottet. Wurzelsammeln ist also eine Frage des Natur- und Artenschutzes. Wer aus seinem Rasen den Löwenzahn entfernen möchte und dabei alle Wurzeln ausgräbt, handelt nur vernünftig, wenn er daraus ein Gemüse kocht oder einen aromatischen Kaffee röstet. Anders sieht es aus, wenn man in einer Wiese oder an einem Wegrand alle Wurzeln ausgräbt. Dann wächst hier unter Umständen im nächsten Jahr nichts mehr und man muß warten, bis durch den Samenflug von anderen Wiesen wieder neue Pflanzen kommen. Auch die Wegwarte, die man früher an jedem Straßenrand fand, wird immer mehr zurückgedrängt. Darum wird man auch hier nicht radikal alle Wurzeln ausgraben, sondern immer noch soviele übrig lassen, daß sich die Pflanze weiter vermehren kann.

Wo ernten

Eßbares wächst in der Natur praktisch überall, auf Wiesen, Feldern, an Wegrändern, an Bachläufen und auf Brachland. Aber man sollte diese eßbaren Pflanzen nicht uneingeschränkt und überall sammeln. So sollte man auf keinen Fall an stark befahrenen Straßen Wildpflanzen ernten, auch wenn es noch so praktisch erscheint, schnell das Auto abzustellen und die Pflanzen am Straßenrand zu pflücken. Fürchterliche Bauchschmerzen, wenn nicht Schlimmeres, können die Folge sein, denn diese Pflanzen sind von Autoabgasen buchstäblich vergiftet. Auch um frisch gedüngte Wiesen sollte man einen großen

Bogen machen. Nicht umsonst schreiben die Hersteller von Düngemitteln den Landwirten vor, das Gras von gedüngten Wiesen erst nach zwei bis vier Wochen an das Vieh zu verfüttern. Ein Menschenmagen ist aber nicht weniger empfindlich als ein Kuhmagen. Kunstdünger enthalten Kalkstickstoffe, Phosphate und andere Bestandteile, die erst von der Pflanze in ein nahrhaftes Grün umgewandelt werden müssen – und das dauert. Daß man von Wiesen, die frisch mit Jauche oder Mist gedüngt sind, nichts erntet, ist klar. Der Geruch hält schon davon ab, der Geschmack wäre entsprechend. Viele Feldkulturen, etwa Mais, werden mit Pflanzenschutzmitteln besprüht. Die Feldränder bekommen davon natürlich auch eine Portion ab. Also Hände weg.

Das alles klingt recht deprimierend. Und der Leser wird fragen, wo um Himmels willen er dann noch sammeln soll. Darauf bedarf es zunächst einer ganz prinzipiellen Antwort: In der freien Natur kann man sich nicht einfach bedienen, wie im Supermarkt. Man muß schon ein bißchen die Augen aufmachen, die Natur beobachten lernen und das, was in der Natur geschieht. Denn das, was wir heute unter »Natur« verstehen, ist ja im Grunde nichts anderes, als eine Kulturlandschaft. Felder und Wiesen werden bestellt und abgeerntet, im Wald ist es nicht viel anders. Bei Spaziergängen schaut man sich also um, beobachtet. Wo hat der Bauer im Herbst schon den Dünger auf die Wiese gebracht? Hier kann man im zeitigen Frühjahr getrost seine Wildkräuter holen. Wo sind Wegränder oder Wiesen besonders hellgrün und fast nur mit Gras bewachsen? Hier wurden Mittel eingesetzt, die »Ungräser« – sprich Kräuter – zugunsten des Grases ausrotten. Wo sind braune Flecken im Gras? Da hat die Wiese oder der Wegrand möglicherweise Herbizide oder andere chemische Wirkstoffe abbekommen. An Bächen, die öfter im Jahr stark verschmutzt sind und langsam fließen oder an Wasserläufen, die übel riechen, kann das Sammeln auch nicht verlocken. Oft bilden sich hier Rückstaus aus anderen verschmutzten Gewässern. Selbst wenn ein solcher Bach ein paar Wochen im Jahr sauber ist, sollte man ihn meiden. Es gibt auch noch saubere Gewässer – man muß sie nur finden.

Schlehen und Rosensträucher werden oft an Straßenböschungen, etwa an Autobahnbrücken, angepflanzt. Finger weg! Sie wachsen auch an Waldrändern oder in Feldhecken und sind dort einwandfrei. Wer mit offenen Augen durch die Natur geht, findet genügend Plätze, wo gesunde und saubere Pflanzen wachsen. Wer sich erst einmal auskennt, hat schließlich seine »Stammplätze«, wo er jedes Jahr im März den Bärlauch holt, wo die Schlüsselblumen besonders dicht stehen, wo der Löwenzahn sehr zeitig im Jahr wächst und wo der Beinwell besonders stattlich ist.

Sehr bald wird man feststellen, daß in Natur-, Landschafts- und Vogelschutzgebieten die schönsten, gesündesten und überhaupt die meisten Wildpflanzen wachsen. Nur dürfen sie hier nicht überall abgepflückt werden. Die Gesetze zum Schutze der Natur sind von Bundesland zu Bundesland unterschiedlich. Und was geschützt wird, ist von Schutzgebiet zu Schutzgebiet verschieden. Es

Löwenzahn kann man oft schon im Februar ernten.

Die Blattrosette wird mitsamt der Knospe in der Mitte, mit einem Messer flach über dem Boden abgeschnitten,

Zarte Kräuter soll man nicht abreißen, weil sonst oft die Wurzel mit herausgezogen wird. Man erntet sie mit einer Schere.

empfiehlt sich also dringend, sich zu informieren, bevor man auszieht, um in einem solchen Landstrich Wildkräuter zu sammeln – weniger deshalb, weil man sich damit unter Umständen eine saftige Geldstrafe einhandeln kann. Wichtiger ist, daß diese Landschaften geschützt werden, um Artengemeinschaften oder einzelne Arten zu erhalten. So kann in einem solchen Gebiet die Brennessel durchaus geschützt sein, etwa um eine seltene Schmetterlingsart zu erhalten. In den meisten Fällen stehen die Bestimmungen, die für ein bestimmtes Gebiet gelten, auf einem Schild unterhalb des Zeichens für das Naturschutzgebiet – dem Dreieck mit dem Vogel. Im Zweifelsfalle wende man sich an die zuständige Naturschutzbehörde; sie ist in den meisten Fällen beim Landratsamt zu erfragen. Wo man in Naturschutzgebieten oder in geschützten Landschaften spazieren gehen darf, trifft man ganz bestimmt einen Jagdaufseher oder einen Forstmann, der dort nach dem Rechten sieht. Diese Männer können ebenfalls Auskunft geben, ob man ein Körbchen Wildpflanzen oder Früchte sammeln darf.

In Vogelschutzgebieten ist das Abpflükken von Pflanzen meist nicht ausdrücklich verboten. Doch wer hier sammelt, stört vor allem im Frühjahr brütende Vögel, und sie müssen uns wichtiger sein, als eine Schüssel Salat.

Wildkräuter findet man auch im eigenen Garten, ob es nun ein Gemüsegarten oder nur ein kleiner Blumengarten ist. Hier wächst – welcher Gärtner weiß das nicht – Unkraut in Hülle und Fülle. Vorausgesetzt allerdings, man hat nicht zur Pflege des makellosen Rasens, zur Säuberung der Plattenwege, zur Bekämpfung der Schnecken, Blattläuse, Ameisen und Wühlmäuse seit Jahren das ganze Angebot an Pflanzenschutzmitteln erprobt. Wer jedoch seinen Garten biologisch bewirtschaftet, wird die Vogelmiere oder den Giersch nicht einfach auf den Kompost werfen; er wird das »Unkraut« zu Gemüse verarbeiten oder unter den Wildkräutersalat mischen. Gänseblümchen und Löwenzahn aus dem Rasen wandern ebenso in die Küche. Brennesseln werden nicht mit Stumpf und Stiel ausgerottet. Ein großer Buschen bleibt stehen, damit man im Frühjahr und im Herbst eine Blutreinigungskur machen und feine Gemüse und Suppen kochen kann; und auch für die Brennesselbrühe auf die Beete soll noch etwas übrig bleiben.

Liebhaber des Naturgartens werden sogar versuchen, Wildkräuter im Hausgarten anzusiedeln. In vielen Fällen ist das einfach, die Pflanzen kommen ganz von alleine, ausgesamt von umliegenden Wiesen. Man läßt sie einfach an den Beeträndern stehen, geht mit dem Unkraut nicht ganz so rigoros um, wie man das lange Zeit gewöhnt war. Ist es denn unbedingt notwendig, daß alle Gartenwege unkrautfrei sind? Läßt man den Löwenzahn und das Hirtentäschel hier wachsen, bis die Pflanzen groß genug sind, um in der Küche verwendet zu werden, schadet das Salat und Kohl im Garten überhaupt nicht.

Was nicht von alleine wächst, kann man anzusiedeln versuchen. Es wird nicht immer gelingen, auch wenn man Standort, Bodenverhältnisse, Licht und Schatten noch so liebevoll ausgeklügelt hat. Hier muß man eben experimentieren.

Waldhimbeeren zum Beispiel gedeihen gut in manchem Garten, auch Frauenmantel kann man ansiedeln – manche Gärtner bieten diese Wildpflanzen inzwischen sogar an. Anstelle einer langweiligen Thujahecke pflanzt man eine bunte Hecke aus Haselnuß, Holunder, Vogelbeere und Heckenrose – das bringt nicht nur eine reiche Ernte, die Singvögel werden hier bald nisten und sich für die natürliche Anpflanzung mit fröhlichem Gesang bedanken.

Wie ernten

Das Angebot draußen in der Natur ist üppig, wir können es uns leisten, nur die zartesten Triebe und die würzigsten Teile der Pflanzen mitzunehmen. Aber trotzdem müssen wir pfleglich mit diesem kostenlosen Garten umgehen. Niemals wird man ganze Bestände abernten, nur weil es so bequem ist. Wer einfach einen Korb voller Wildpflanzen ausreißt, um zuhause dann die feinsten Teile auszusortieren, handelt wie ein Dieb, denn was er ausgerissen hat, wächst nicht wieder nach. Richtig ist es, die zarten jungen Blätter abzuzupfen oder mit einem scharfen Messer abzuschneiden. Wer Blätter von Bäumen und Sträuchern sammelt, sollte eine starke Schere mitnehmen. Es tut weh, zu sehen, wie oft ganze Zweige grob vom Strauch gerissen werden, nur um die jungen Triebe zu bekommen. Mit der Schere schneidet man nur die Blätter ab, die man braucht, das schadet der Pflanze nicht.
Auch hier gilt, wie bei den Pflanzen für Gemüse und Salat: Nicht von einem Strauch alle zarten Blätter abschneiden, sondern immer nur wenige von mehreren Sträuchern und Bäumen. Selbstverständlich ist, daß geschützte und gefährdete Pflanzen absolut tabu sind.
Keine der Pflanzen, die in diesem Buch beschrieben werden, ist geschützt, nur

die Schlüsselblume darf nicht mit der Wurzel ausgegraben werden. Doch wohl jeder, der mit offenen Augen durch die Natur geht, wird feststellen, daß durch Überdüngung, durch Trockenlegung von Feuchtgebieten, durch die Zubetonierung der Landschaft mit Straßen und geteerten Wirtschaftswegen, gewisse Arten nicht mehr so oft vorkommen, wie noch vor zwanzig Jahren. Jeder kann also selbst Naturschützer sein, indem er Bestände, die langsam verschwinden, schont. Das gilt übrigens nicht nur für das Sammeln von eßbaren Wildpflanzen – auch wer große Blumensträuße gedankenlos pflückt, kann seltene Arten vernichten. Ganz sicher zu vermeiden sind Verstöße gegen den Artenschutz, indem man sich die »Rote Liste« besorgt. Das ist ein Verzeichnis aller gefährdeten Pflanzenarten, das für jedes Bundesland gesondert herausgegeben wird. Zu beziehen ist diese »Rote Liste der Pflanzen« beim Umweltamt der jeweiligen Landesregierung.

Wann ernten

Bei Blattpflanzen für Salat und Gemüse ist es gleichgültig, ob man sie am frühen Morgen, am heißen Mittag oder am Abend erntet. Man kann sie auch bei Regen und Nebel ernten – sie werden ja sogleich verbraucht.

Blüten hingegen, etwa Löwenzahn, Gänseblümchen, Schlüsselblumen oder Heckenrosenblüten, erntet man gegen Mittag, wenn sie aufgeblüht und ganz trocken sind. Nur so entfalten sie ihr volles Aroma. Holunderblüten müssen ganz aufgeblüht sein, bevor man sie verwenden kann. Heckenrosen für Konfitüre schmecken am besten ganz kurz nach dem Aufblühen. Alle Blüten, die kurz vor dem Verwelken sind, läßt man besser stehen. Sie schmecken und duften nicht mehr.

Pflanzen, die man für Tee trocknen oder fermentieren möchte, werden in der warmen Mittagszeit am besten bei voller Sonne geerntet. Bei Pfefferminze, Thymian und Dost holt man die Pflanzen, wenn sie in voller Blüte stehen, denn die Blüten geben das beste Aroma ab. Wer Teepflanzen oder Gewürze, die getrocknet werden sollen, im Regen sammelt oder wenn der Morgentau darauf liegt, muß damit rechnen, daß die Blätter fleckig und faulig werden, denn das Trocknen dauert dann viel zu lange.

Daß man Waldbeeren erst erntet, wenn sie reif sind, muß wohl nicht extra gesagt werden. Überreife oder mit Maden besetzte Beeren läßt man am Strauch, die Vögel wollen auch noch etwas haben. Beeren, die schon zu reif sind, lassen sich nicht konservieren, bestenfalls zu Saft verarbeiten. Hagebutten und Vogelbeeren holt man erst, wenn sie schon ein bißchen weich sind, selbst wenn es noch so verlockend ist, die roten Früchte schon vorher zu pflücken. Sie haben aber erst bei einer gewissen Überreife das beste Aroma und den höchsten Vitamingehalt und lassen sich so auch besser verarbeiten. Es kann sogar schon der erste Frost darübergegangen sein. Unbedingt notwendig ist der erste starke Frost bei den Schlehen, sie werden erst dann genießbar.

Viele Beeren verlocken durch eine kräftige Farbe dazu, sie schon zu früh zu ernten, wenn sie noch nicht ganz reif

In einem Korb werden Wildkräuter am besten transportiert, in Plastiktüten verderben sie schnell. In Zeitungspapier eingewickelt bleiben sie länger frisch.

sind. Man fasse sich lieber in Geduld. Noch nicht ganz reife Früchte haben noch kein Aroma und ihr Genuß kann fatale Folgen haben. Nüsse fallen im Allgemeinen vom Baum oder vom Strauch, wenn sie reif sind, desgleichen die Edelkastanien. Man braucht sie nur aufzuklauben. Nur wenn man Walnüsse verwenden möchte, solange sie noch in der grünen Schale sind, muß man sie pflücken.
Bei Haselnüssen allerdings muß man auf Draht sein. Eichhörnchen und Vögel sind meistens schneller als der Mensch. Andererseits darf man die Nüsse nicht zu früh ernten, sonst schwindet der Kern in der Schale. Hier heißt es also aufpassen und beobachten. Wenn die Schalen braun werden und sich leicht vom Zweig lösen, schüttelt man die Büsche und klaubt die Nüsse auf. Meistens allerdings waren die Waldtiere schon vorher da.
Von manchen Bäumen verwendet man die Rinde. Man zieht sie nur im zeitigen Frühjahr ab, später ist es nicht mehr möglich. Um dem Baum oder Strauch nicht zu schaden, schält man immer nur zwei oder drei Zweige, niemals den Stamm. Wenn man Rinde vom Stamm braucht – etwa zum Färben von Stoffen und Wolle, kann man sie ohne weiteres von gefällten Stämmen abschneiden.
Tannenspitzen – die hellgrünen Triebe der Tannen und Fichten im Frühjahr – geben herrlichen »Honig« und Likör. Aber es sind auch die Anfänge der späteren Zweige. Darum sollte man nur an den untersten Ästen der Bäume die Triebe wegnehmen, denn diese Äste werden vom Förster später oft ohnehin entfernt. Um ganz sicher zu gehen, daß man keinen Waldschaden anrichtet, fragt man beim Forstamt nach. Die Beamten kennen die Waldgebiete, wo im selben Jahr noch die Bäume ausgeastet werden.

Von Körben, Kannen und Tüten

Will man in der Natur ernten, nimmt man am besten einen Korb mit. Die geernteten Pflanzen werden an Ort und Stelle gesäubert, welke Blätter gleich dort gelassen. Blätter und Blüten schichtet man locker in den Korb. Etwas angefeuchtetes Zeitungspapier hält sie auch über einen längeren Autotransport frisch.
Plastiktüten sind unpraktisch. Die Pflanzen werden darin zu stark ge-

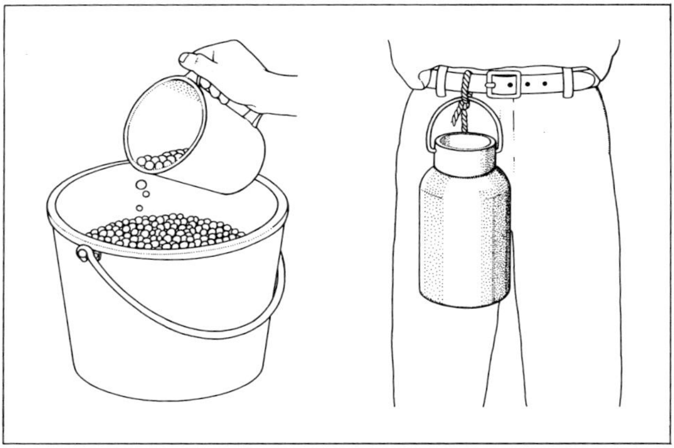

Wer Wildbeeren erntet, muß sich oft kräftig durch die Büsche schlagen. Da hilft es, wenn man eine Milchkanne oder ein anderes kleines Gefäß am Gürtel befestigt und die Beeren dann portionsweise in einen Sammeleimer schüttet.

quetscht, sie fangen an zu schwitzen und verderben leicht. Grüne Pflanzenteile und Blüten sollten noch am selben Tag verarbeitet werden, sonst verlieren sie ihre wertvollen Inhaltsstoffe und ihren Geschmack. Es gibt allerdings einige wenige, die sich auch ein paar Tage lang im Gemüsefach des Kühlschrankes halten.

Brombeeren, Himbeeren und Heidelbeeren ergeben meist eine reiche Ernte. Es lohnt sich also, mit Kind und Kegel einen Extra-Ernteausflug zu machen. Man nimmt – Optimist der man ist – ein großes Gefäß mit, am besten einen Plastikeimer. Dazu mehrere kleine Töpfchen. Jeder Pflücker sammelt in sein kleines Gefäß und entleert dieses in den gemeinsamen Sammeleimer. Das erleichtert die Arbeit, denn man muß sich oft tief in die Büsche hineinarbeiten. Dabei behindert ein großes Gefäß. Praktisch sind kleine Milchkannen, deren Henkel man sich mit einer Schnur an den Gürtel bindet. So hat man beide Hände zum Pflücken frei. Heidelbeeren kann man mit einem Heidelbeerkamm ernten, das geht schneller. In manchen Gegenden braucht man für diese Art der Ernte allerdings eine Genehmigung von der Gemeinde.

Nüsse und Maronen sammelt man bedenkenlos in Plastiktüten. Nur sollten es stabile Plastiktüten sein. Gerade Maronen – Edelkastanien – sind schwer und es kommen schnell mehrere Kilo zusammen. Es ist ein unvergeßliches Erlebnis, mit einigen schweren, aber andauernd reißenden Tüten voller Kastanien eine halbe Stunde lang durch den Wald zum Auto zu wandern.

Die Ernte frisch zubereitet

Salate und Gemüse

Bevor er Gemüse auf dem Markt oder im Laden kauft, macht sich wohl jeder Koch (und jede Köchin), Gedanken darüber, was daraus zubereitet werden soll. Bei Wildgemüse ist das nicht viel anders. Doch da diese Pflanzen sehr vielseitig verwendbar sind, kann man sich auch noch entscheiden, was daraus zu kochen ist, wenn der Korb mit dem frischen Grün auf dem Küchentisch steht. Gemüse oder Salat – beides ist möglich, ganz nach Lust und Appetit. Daß man nicht mit einer »Einkaufsliste« in die Natur geht, ist wohl klar. Es sei denn, man hat ganz feste Vorstellungen, was an diesem Tag zubereitet werden soll und was man mit Sicherheit an einem bestimmten Platz findet. Meist aber ist es doch so, daß man Pflanzen oder Beeren findet, mit denen man gar nicht gerechnet hat. Dann nimmt man natürlich mit, was sich bietet; allerdings auch dann nicht wahllos, einfach auf Vorrat. Denn, wie schon gesagt – frisch schmeckt das Grünzeug aus der Natur am besten und wir haben eine Menge Mitesser – Rehe, Hasen, Vögel.

Salate

Grundsätzlich ist zu sagen, daß alle Wildpflanzen sehr viel aromatischer, aber auch herber schmecken, als Gemüse und Salate aus dem Garten. Also sind einige Tricks anzuwenden, um die Bitternis zu mildern. Für Salate – etwa Löwenzahn und Wegerich – legt man die Blätter kurz in lauwarmes Wasser und braust sie danach kalt ab. Man kann Wildsalate getrost eine halbe Stunde vor dem Servieren in die Salatmarinade legen. Das mildert den Geschmack, und die kräftigen Blätter fallen nicht zusammen wie etwa Kopfsalat oder Kresse. Statt Öl verwendet man, wenn man mag, Sahne oder Crème fraîche für die Salatsoße. Joghurt dagegen hebt den herben Geschmack noch hervor. Daß man auch Wildpflanzen vor dem Verwenden gründlich wäscht, sollte wohl selbstverständlich sein.
Alle Wildpflanzen, die sich zu Salat eignen, kann man mischen. Gibt man auch noch Blüten dazu, sieht das nicht nur appetitlich aus, die Blüten haben auch ihren eigenen Geschmack. Diese Frühlingssalate sind außerordentlich wohlschmeckend und gesund. Und sie kosten nichts in einer Jahreszeit, in der man im Laden Höchstpreise für geschmacksneutralen Treibhaussalat bezahlt.
Die Mischungen allerdings muß jeder selbst ausprobieren, das ist reine Geschmackssache. Besonders stark vorschmeckende Pflanzen, wie Sauerampfer, Bärlauch oder Schafgarbe, wird man nur sparsam verwenden (üppiger dagegen zusammen mit Gartensalaten). Vogelmiere gibt streng schmeckenden Salaten eine gewisse Milde. Aber es gibt auch Leute, die überglücklich eine ganze Schüssel knoblauchigen Bärlauchsalat verzehren können oder reinen Löwenzahnsalat mit Zwiebeln und ausgebratenem Speck. Wie gesagt – jeder nach seinem Geschmack. Für Salate verwendet man die zarten Wildpflanzen frisch am selben Tag, an dem sie geerntet werden. Nur wenige kann man über Nacht im Gemüsefach aufbewahren.

Gemüse

Nun kann man Wildpflanzen nicht nur als Salat verwerten, sie schmecken auch gekocht in den verschiedensten Zubereitungen ausgezeichnet. Zum Kochen braucht man allerdings mehr Grünzeug, als für Salat, dafür sind aber auch etwas größere und ältere Blätter zu verwenden (nur keine uralten, harten) oder gar die ganze Pflanze. Am einfachsten ist die Zubereitung wie Spinat. Der herbe Geschmack wird dabei durch die Zugabe von Kartoffeln, Milch oder Sahne gemildert.

Kräutersuppen

Sehr gut schmecken auch Suppen aus Wildkräutern. Das Grundrezept ist einfach: In eine leichte Mehlschwitze oder in zerlassene Butter gibt man das feingeschnittene Gemüse, dünstet es kurz und gießt dann mit Fleischbrühe auf. Verfeinert wird jedes Wildpflanzensüppchen durch einen Schuß Sahne.

Kräutersoßen

Soßen aus Wildpflanzen schmecken zu Fleisch, Fisch und Eiern delikat. Eine Sauerampfersoße zu Rindfleisch, Kräutersoße aus Brunnenkresse oder Bärlauch zu Fisch, Minzsoße zu Hammelfleisch sind geradezu klassische Zusammenstellungen. Man kann sich dazu natürlich auch selbst allerlei einfallen lassen.

Kräuter als Zutaten zu verschiedenen Gerichten

Knödelfans verarbeiten frische Wildpflanzen zu Kräuterknödeln, am besten mit gekochten Kartoffeln, weil diese Knödel nicht so lange kochen müssen.
Eine leichte und sehr delikate Mahlzeit sind Kräuteromelettes aus Wildpflanzen, etwa mit Brunnenkresse, Brennesseln oder mit gemischten Kräutern. Man kann Pfannkuchen auch mit Wildgemüse füllen und dann mit Käse überbacken. Schwäbische Maultaschen werden im allgemeinen mit einer Fleisch-Spinat-Füllung zubereitet. Ersetzt man den Spinat durch Wildpflanzen, ergibt das ganz neue Varianten. Einige Wildpflanzen mit kräftigen, aromatischen Blättern eignen sich auch zum Ausbacken in Teig – zum Beispiel Beinwellblätter und Brennesselspitzen.
Hervoragend schmecken frische Wildpflanzen ganz fein geschnitten in Quark. Im Frühsommer sind die ersten Pellkartoffeln mit einem Quark aus Wiesenschaumkraut eine Delikatesse. Kräuterquark als Brotaufstrich ist eine gesunde Bereicherung des Abendbrottisches.

Gewürze – frisch verwendet

Eine ganze Anzahl von Wildpflanzen schmeckt so aromatisch, daß man sie ausschließlich zum Würzen verwendet. Diese Wildgewürze schmecken, genau wie die Würzkräuter aus dem Garten, frisch am allerbesten, zum Beispiel als Kräuterbutter, die man in ganz verschiedenen Geschmacksrichtungen zuberei-

Die Saftausbeute von Wildkräutern ist ergiebiger, wenn man sie zusammen mit einem Apfel oder einer Möhre im elektrischen Entsafter auspreßt. Man gewinnt aus den Blättern mehr Saft und das Aroma wird verfeinert.

ten kann – mit Bärlauch etwa, aber auch mit Sauerampfer oder mit Waldsauerklee. Waldsauerklee schmeckt als Würze auch ausgezeichnet zu allen Gartensalaten, am besten allerdings zu Tomatensalat. Dost, der wilde Oregano, ist lecker zu allen italienischen Gerichten und zu allem, was man aus Tomaten zubereitet. Der Feldthymian, auch Quendel genannt, paßt gut zu Schweinefleisch. Man braucht allerdings die doppelte Menge im Vergleich zum Gartenthymian. Dafür kann man aber mit Feldthymian viel differenzierter würzen.

Bärlauch ist mit seinem starken Knoblauchgeschmack ein feines und besonders gutes Gewürz und paßt zu allem, wozu man auch Knoblauch verwendet. Gundermann findet man überall auf Wiesen und an Feldrändern. Er eignet sich frisch ausgezeichnet als Beigabe zu einer deftigen Kartoffelsuppe.

Getränke aus frischen Kräutern

Wildpflanzen kann man gut zu frischen Säften verarbeiten. Diese Kräutersäfte schmecken zwar sehr deftig, aber sie haben einen hohen Vitamingehalt. Es genügt also, ein kleines Glas zu trinken, um den Tagesbedarf zu decken. Keiner hat es allerdings nötig, seinen täglichen Kräutersaft »hinunterzuwürgen«, bloß weil er gesund ist – auch wenn er nicht gut schmeckt. Hier gilt genau wie bei Salaten und Gemüsen: Man sucht sich die Mischung heraus, die einem wirklich schmeckt. Das heißt natürlich wieder experimentieren. Aber das ist es ja gerade, was an der Wildkräuterküche soviel Spaß macht.

Am besten bleiben alle frischen Vitamine im Kräutersaft erhalten, wenn man ihn mit einem elektrischen Entsafter herstellt und sofort trinkt. Weil es ein bißchen problematisch ist, aus Blättern Saft zu bereiten, hilft man sich mit einem kleinen Trick: Man preßt mit den Pflanzen Stücke von Mohrrüben oder Äpfeln durch den Entsafter. Die Blätter geben so mehr Saft ab, weil sie besser gepreßt werden und der Saft wird milder und ist ergiebiger.

Wohlschmeckend und durststillend sind Tees aus frischen Blättern und ganz besonders erfrischend an heißen Tagen.

Tee aus frischer Pfefferminze
Man brüht einige Minzezweige mit kochendem Wasser auf und läßt den Tee solange ziehen, bis er schön hellgrün ist. Nach einigen Stunden im Kühlschrank ist der Durststiller fertig, man braucht ihn nicht einmal zu süßen.
Ähnlichen Tee kann kann man auch aus frischen Blättern von Himbeere, Brombeere und Walderdbeere machen, allerdings brauchen diese Tees etwas Zucker oder noch besser, Honig.

Saft aus Wildbeeren gewinnt man am einfachsten, indem man zunächst die Beeren in Plastikbeuteln langsam einfriert.

Man hängt die gefrorenen Beutel auf, und schneidet eine Ecke ab. Durch das Loch läuft der Saft ab. Der Rest wird ausgepreßt.

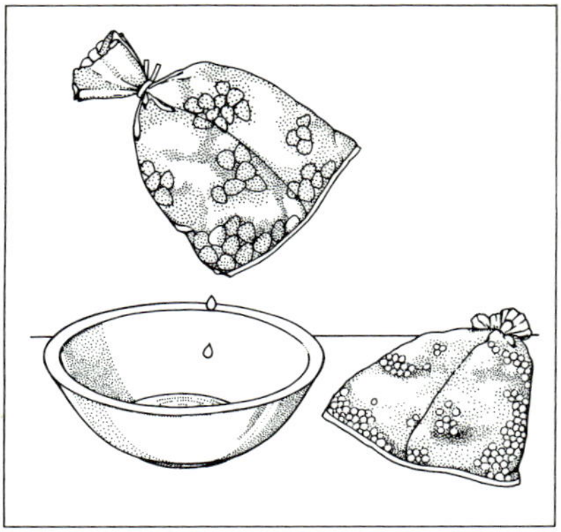

Ein anderes Getränk aus frischen Wildpflanzen ist der Brennesseltee, den man im Frühjahr und Herbst als Regenerationskur trinkt. Wie man ihn zubereitet und wie er wirkt, ist nachzulesen auf Seite 50.

Beeren frisch aus dem Wald

Waldbeeren schmecken frisch besonders gut. Aus Heidelbeeren, Brombeeren und Himbeeren kann man die herrlichsten Torten backen. Mit Quark und Schlagsahne gemischt, zaubert man lekkere Nachspeisen. Frische Heidelbeeren, nur mit etwas Zucker und Sahne oder Milch angerichtet, sind eine Delikatesse. Auch auf Speiseeis schmecken frische Waldbeeren. Walderdbeeren sind zu schade, um sie zu kochen. Sie werden selbst in der »großen Küche« immer nur frisch serviert. Wenn man bedenkt, daß man für ein Pfund Erdbeeren im Wald etwa vier Stunden lang sammeln muß, ist das auch zu verstehen. Sehr fein ist frischer Saft aus Waldbeeren – dafür eignen sich eigentlich alle Arten. Hat man einen guten Platz gefunden, wo sich das Pflücken wirklich lohnt, sollte man sich frischen Beerensaft leisten. Allerdings müssen die Beeren dafür sehr reif sein.

Einfacher ist eine andere Methode, aus reifen Beeren Saft zu bereiten. Man packt die reifen Früchte in Tiefkühlbeutel und friert sie langsam – also nicht wie üblich mit der Schockmethode – ein. Später nimmt man den Beutel heraus, schneidet eine Ecke ab, und hängt ihn über einen Krug. Während des Auftauens läuft der so gewonnene Saft ab.

Saft aus frischen Waldbeeren
Mit einem Holzlöffel quetscht man die Beeren (die man wenn irgend möglich nicht waschen sollte) durch ein Sieb. Pro Liter Saft fügt man 200 g Zucker hinzu und rührt so lange, bis sich der Zucker aufgelöst hat. Im Kühlschrank hält dieser Saft einige Wochen. Allerdings sollte man den Kühlschrank dann abschließen, sonst haben die Leckermäuler der Familie in wenigen Tagen alles ausgetrunken.

Frische Blüten in der Küche

Wilde Blumen und Blüten sind nicht nur als Zimmerschmuck attraktiv, man kann sehr feine Gerichte daraus herstellen. Gänseblümchen und Schlüsselblumen zum Beispiel mischt man unter Wildkräutersalate. Aus gerade aufgeblühten Heckenrosen rührt man eine sehr aparte orientalische Konfitüre. Die Blütendolden des schwarzen Holunders kann man besonders vielseitig verwenden. Man bäckt sie entweder, in Pfannkuchenteig getaucht, in schwimmendem Fett aus, oder macht Holunderzucker und Holundersekt. Erfrischende Limonaden kann man aus Rosenblüten,

So macht man den Löwenzahnhonig: Zwei große Handvoll Löwenzahnblüten werden in Wasser gekocht und dieser Sud zu dem in einer flachen Pfanne angerösteten Zucker gegeben. Wenn Zucker und Löwenzahnsud sirupartig eingekocht sind, ist der Löwenzahnhonig fertig.

Viele Blüten kann man zur Verwendung als Konfekt oder Garnierung kandieren. Dafür werden die Blüten erst in eine Bruchglasur aus Zucker, Wasser und Essig und dann sofort in Eiswasser getaucht. Die Platte, auf die man die glasierten Blüten legt, muß gekühlt sein.

Akazien- und Lindenblüten zubereiten.
Gesund und wohlschmeckend ist »Honig« aus Löwenzahn- und Huflattichblüten. Löffelweise hilft dieser »Honig« gegen Erkältungskrankheiten – aufs Frühstücksbrot gestrichen lieben ihn nicht nur Kinder.
Blüten können auch glasiert oder kandiert werden, das ist allerdings eine sehr diffizile Arbeit.
Selbstverständlich müssen alle Blüten ganz frisch verwendet werden, verwelkte Blüten sind unappetitlich. Es hat auch keinen Sinn, die Blumen zum Frischhalten in eine Vase zu stecken, um sie dann später zu verwenden. Sie verlieren schnell das Aroma, auch wenn sie noch so hübsch aussehen. Vor dem Zubereiten sollte man die Blüten waschen – allerdings nur sehr vorsichtig, damit sie nicht zusammenfallen. Am besten legt man sie in ein Sieb und hält ein Messer mit der Breitseite unter den Wasserstrahl. So werden sie nur fein besprüht und doch abgespült.

Glasierte Blüten
Man stellt dazu eine Bruchglasur aus 500 g Zucker, einem halben Liter Wasser und etwas Essig her. Die Blüten werden in die heiße Glasur und danach sofort in Eiswasser getaucht und auf eine gekühlte Platte gelegt. Diese glasierten Blüten sehen als Garnitur von allerlei Süßspeisen und Torten sehr apart aus, schmecken aber auch als Konfekt.

Die Ernte als Vorrat konserviert und verwertet

Unsere Vorfahren waren oft vollständig auf die Ernte aus der Natur angewiesen, um einen langen kalten Winter zu überstehen. Auch heute ist es sinnvoll, Vorräte anzulegen, denn im Winter sind Beeren und Früchte teuer und selber Eingemachtes schmeckt einfach besser, als gekaufte Konserven.

Darum wird man heute wie früher einen Teil der Ernte konservieren. Die Methoden sind heute einfacher, denn wir haben Hilfsmittel, die unsere Großmütter noch nicht kannten.

Zur späteren Verwendung kann man die Ernte aus der Natur auf vielerlei Art haltbar machen. Man kann sie einfrieren, kann Marmelade und Gelee kochen, Säfte sterilisieren und Mus herstellen, das später zu Speisen und Säften weiterverarbeitet wird. Die Herstellung von Wein und Likör hat eine lange Tradition, genau wie das Dörren oder Trocknen. Kräuter und Gewürze bewahren ihr Aroma in Essig und Öl.

Einfrieren

Das Einfrieren ist die schonendste und auch die bequemste Art der Konservierung. Doch Wildgemüse einzufrieren, lohnt sich nur in wenigen Fällen. Frisch zubereitet sind die Pflanzen aromatischer, also sollte man sie dann verwenden, wenn man sie frisch ernten kann. Etwas anderes ist es bei fertig zubereiteten Gerichten, etwa bei Suppen, Maultaschen oder Wildspinat. Es kommt ja vor, daß man mehr kocht, als die Familie essen kann – dann wird die Hälfte einfach eingefroren.

Einige Wildkräuter eignen sich gut zum Einfrieren, etwa Sauerampfer, die zarten Bättchen von Schafgarbe, Dost und Thymian. Man schneidet diese zur Verwendung als Gewürze sehr fein und füllt sie locker in einen Plastikbeutel oder in kleine Plastikgefäße.

Lohnend ist das Einfrieren von Waldbeeren. Besonders Heidelbeeren schmecken aufgetaut wie frisch gepflückt. Man friert sie am besten ohne Zucker ein. Alle anderen Beeren behalten ihr Aroma besser, wenn man sie vor dem Einfrieren zuckert. Da Beeren beim Auftauen allerdings fester bleiben, wenn man sie ungezuckert einfriert, kann man variieren: Beeren, die man für Torten usw. verwenden möchte, werden ohne Zucker eingefroren und nach dem Auftauen (oder nach dem Backen) gezukkert; Beeren für Süßspeisen werden mit Zucker eingefroren. Manche Hausfrauen werden es nicht gerne hören, aber Waldbeeren sollte man vor dem Einfrieren nicht waschen. Sie sind – anders als die meisten Gartenbeeren – sehr druckempfindlich und verlieren beim Waschen einen Teil ihres Saftes und damit auch des Aromas. Man wird Beeren also nur an solchen Plätzen sammeln, wo sie möglichst wenig verschmutzt sind.

Wer gerne Torten bäckt, friert einen Teil der Beeren einzeln ein. Man legt sie dafür so auf ein Kuchenblech, daß sie sich nicht berühren und friert sie schnell ein. Sind sie hart, werden sie in Beutel gefüllt.

Aufgetaute Waldbeeren werden wie frische verwendet – zu Kuchen, Süßspeisen, Kompotten. Wer keinen Platz für eine Galerie Marmeladegläser hat, kocht Marmelade aus eingefrorenen

Saft nach Großmutters Art: An die vier Beine eines umgedrehten Stuhles bindet man eine Mullwindel, durch die man den Beerensaft ablaufen läßt. Das dauert allerdings einige Stunden.

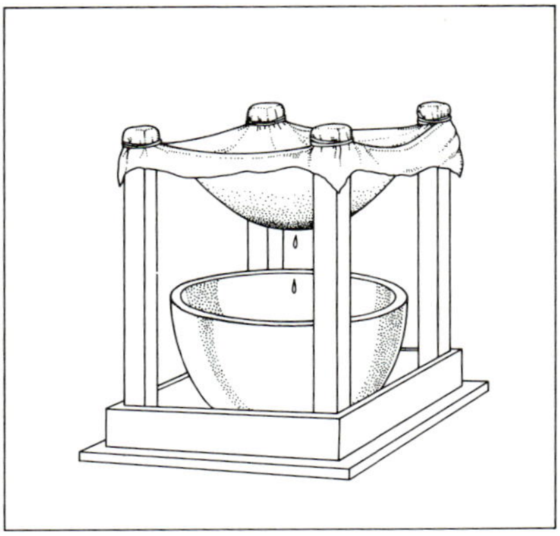

Beerenmark
Aus zerdrückten oder überreifen Beeren stellt man Beerenmark her. Dazu werden die Früchte in lauwarmes Wasser gelegt. Nach kurzer Zeit schwimmen alle »Bewohner« der überreifen Beeren oben und können abgeschöpft werden. Danach streicht man die Beeren durch ein Sieb, vermischt das Mark mit etwas Zucker und friert es in kleinen Dosen ein. Es ist im Winter die Grundlage für allerlei süße Gerichte.

Beeren – frisch gekocht schmeckt sie besonders gut. Frischen Beerensaft friert man nur in Tagesportionen ein, weil er aufgetaut schnell verdirbt.

Saft aus Waldbeeren

Aus allen Waldbeeren kann man wohlschmeckende Säfte zubereiten, die uns im Winter mit Vitaminen versorgen. Am einfachsten ist die Saftbereitung mit dem Dampfentsafter. Dabei werden die Beeren mit wenig Zucker – je nach Süße der Früchte 50 bis 100 g Zucker auf 1 kg Beeren – durch Wasserdampf entsaftet. Nach 30 Minuten Erhitzen bei 85 °C läßt man den Saft direkt in saubere, heiße Flaschen einlaufen, verschließt sie mit sterilisierten Gummikappen und stellt sie in einen kühlen dunklen Keller. Die Saftflaschen müssen heiß sein, damit beim Einfüllen des heißen Saftes der Boden nicht abplatzt.
Aufwendiger, aber schonender, ist das kalte Entsaften. Dabei werden die zerquetschten Früchte mit Zucker bestreut und zugedeckt etwa 24 Stunden stehengelassen. In dieser Zeit ziehen sie reichlich Saft. Durch ein Leinen- oder Mulltuch läßt man dann den Saft in eine Schüssel ablaufen. Ein alter Hausfrauentrick, den schon unsere Urgroßmütter kannten, ist es, zwischen die vier Beine eines umgedrehten Stuhles ein Tuch zu spannen und so den Saft zu filtern. Man kann nebenher alle möglichen anderen Verrichtungen nachgehen, denn das Ablaufen dauert seine Zeit. Zur Aufbewahrung muß der rohe Saft sterilisiert werden. Man füllt ihn dafür in sauber ausgekochte Flaschen, verschließt diese mit einer Gummikappe und erhitzt sie in einem Einmachkessel 20 Minuten bei 85 °C. Zucker ist zur Haltbarmachung nicht notwendig, verbessert aber den Geschmack. Harte Beeren wie Hagebutten, Schlehen und Vogelbeeren werden mit etwas Wasser weichgedünstet und dann abgefiltert.
Natürlich kann man auch Saft mit einem elektrischen Entsafter gewinnen, dabei gibt es die wenigsten Rückstände.

Sirup

Eine sehr alte Methode, das herrliche Aroma der Waldbeeren zu konservieren, ist, daraus Sirup zu bereiten. Da

Sirup aus reifen weichen Beeren kalt hergestellt wird, bewahrt er Geschmack und Vitamine besonders gut. Mit Mineralwaser verdünnt, ist Sirup ein erfrischendes Getränk, er schmeckt aber auch unverdünnt über Eis und anderen Süßspeisen und kann die Grundlage zu süßen Soßen und Suppen bilden.
Um Sirup herzustellen, werden die reifen Früchte in einer Steingutschüssel mit einem Holzlöffel zerdrückt. Die Schüssel wird dann mit einem sauberen Tuch bedeckt und ein oder zwei Tage in einen kühlen Raum gestellt, bis die Früchte reichlich Saft ziehen. Je nach Witterung und Reifegrad der Früchte kann das auch drei bis fünf Tage dauern. In dieser Zeit kann der Saft zu gären beginnen, das schadet aber nichts, ist sogar erwünscht. Hat sich genügend Saft gebildet, wird der Fruchtbrei in einen Saftbeutel gefüllt oder in ein Mulltuch gegeben, das man nach der bewährten Methode an die vier Beine eines umgedrehten Stuhles bindet. Am besten läßt man den Saft über Nacht ablaufen, das stellt die Geduld nicht so sehr auf die Probe, denn er läuft sehr langsam ab, sozusagen tropfenweise. Ist aller Saft abgelaufen, drückt man das Tuch gut aus, um auch noch die letzten Reste Flüssigkeit herauszupressen. Auf einen halben Liter Saft gibt man nun 300 g Zucker und rührt ihn so lange unter, bis er sich vollständig aufgelöst hat. Es kann sein, daß man bis zu einer Stunde rühren muß. Beschleunigen kann man den Auflösungsprozeß, wenn man den Saft leicht erwärmt. Ist der Zucker ganz aufgelöst, ist ein dicklicher Sirup entstanden, den man in kleine Flaschen füllt. Gut eignen sich Soßenflaschen mit Schraubverschluß. Der Sirup hält sich so im kühlen Keller zwei bis drei Monate. Will man ihn länger aufbewahren, muß er in der Flasche mit dem Sterilisierapparat 30 Minuten lang bei 70 °C sterilisiert werden. Die Erhitzung darf nicht länger dauern, sonst wird der Sirup völlig geschmacklos.
Gut kann man Sirup auch im Wasserbad zubereiten, wie es unsere Urgroßmütter schon machten. Man zerdrückt dabei die Beeren in einem irdenen Topf und vermischt sie mit derselben Menge Zucker. Der Topf wird in eine mit Wasser gefüllte, breite und tiefe Pfanne gestellt. Das Wasserbad läßt man bei kleiner Flamme oder auf der niedrigsten Stufe des Elektroherdes zwei Stunden köcheln. Dann seiht man den Saft durch ein Tuch ab und füllt ihn in erwärmte Flaschen, die verkorkt werden, wenn der Sirup abgekühlt ist. Der im Tuch verbleibende Rest ist übrigens eine ausgezeichnete Marmelade für den sofortigen Verbrauch.
Möchte man aus Hagebutten Sirup machen, der nicht nur sehr heilsam, sondern auch bei Kindern sehr beliebt ist, muß man ihn heiß zubereiten, denn Hagebutten weichen nicht von alleine auf. Man wäscht die Früchte gründlich und entfernt Blüten und Stiele. Dann werden die Hagebutten halbiert, die Kerne bleiben darin. 2 kg Hagebutten werden in einem halben Liter Wasser langsam weich gekocht. Dabei sollte man immer wieder kräftig umrühren. So entsteht ein Saft, den man durch ein Mulltuch siebt und dann nochmals ganz kurz mit 500 g Zucker aufkocht. Dieser Hagebuttensirup wird heiß in Flaschen gefüllt und sofort verschlossen.

Marmelade und Gelee

Aus rohem Beerensaft kann man Gelee kochen – mit gezuckertem Saft aus dem Dampfentsafter gelingt es nicht immer, ganz einfach deshalb, weil dieser Saft manchmal zu stark verwässert ist und die Zuckermenge nicht exakt zu bestimmen ist. Überreife Beeren eignen sich nicht für Gelee, das Pektin, das für das Gelieren zuständig ist, hat sich bei diesen Beeren schon abgebaut. Mehr Saft gewinnt man, wenn man die Beeren kurz mit etwas Wasser aufkocht und durch ein Tuch laufen läßt. Dann muß aber auch mehr Zucker verwendet werden. Gelee aus reinem rohen Fruchtsaft ist jedoch viel aromatischer. Lieber sollte man ein paar Gläser weniger, dafür aber eine wirkliche Delikatesse zubereiten. Der Beerensaft wird mit derselben Menge Zucker etwa 15 Minuten lang gekocht. Dann macht man die Gelierprobe. Dazu läßt man einen Tropfen Gelee auf einen kalten Porzellanteller tropfen. Wird er fest, ist das Gelee fertig. Wenn nicht, läßt man noch ein Weilchen weiterkochen, bis die Gelierprobe gelingt. Die meisten Wildbeeren gelieren schlecht, weil sie zu wenig Pektin haben. Man hilft sich, indem man entweder eines der im Handel befindlichen Geliermittel verwendet, oder den Saft von zwei oder drei grünen Äpfeln zu dem Beerensaft gibt. Zu Brombeergelee fügt man dem Saft eine Handvoll roter, also noch nicht voll ausgereifter Brombeeren bei.

Die Zubereitung von Marmelade ist einfacher, als die von Gelee, aber auch Marmelade muß gelieren. Die Gelierhilfen sind dieselben, wie bei Gelee. Für Marmelade werden die Beeren zerdrückt und mit Zucker im Verhältnis 2 : 1 (1 kg Beeren, 500 g Zucker) verrührt. In einem offenen Topf läßt man die Marmelade unter häufigem Umrühren 30 Minuten leise kochen. Je weniger Beeren man auf einmal zu Marmelade kocht, desto besser geliert sie und desto besser schmeckt sie auch. Schonender ist die Marmeladenzubereitung mit fertigen Geliermitteln oder mit Gelierzukker. Da man dabei die Früchte nur wenige Minuten lang kochen muß, bleiben wichtige Vitamine und Geschmacksstoffe erhalten. Unterstützt wird das Gelieren und das Eigenaroma säuerlicher Beerenmarmeladen wie Heidelbeeren und Brombeeren durch die Zugabe von etwas Zitronensaft oder kristallisierter Zitronensäure. Ist die Marmelade fertig, füllt man sie in saubere Gläser, deckt sie mit einem in Schnaps getränkten Plättchen Einmachhaut ab und verschließt die Gläser.

Daß man verschiedene Beerensorten zu Mehrfruchtmarmeladen mischen kann, braucht wohl nicht extra gesagt zu werden. Man kann auch hier Experimente wagen – kleine Portionen werden meistens aufgegessen, auch wenn sie ungewöhnlich schmecken. Zu Beeren passen auch gut Äpfel oder Birnen, sehr gut schmeckt Brombeermarmelade, unter die kleingehackte Walnüsse gemischt wurden. Schlehen, Hagebutten und Ebereschenbeeren verarbeitet man, wie bereits gesagt, erst zu Marmelade und Gelee, wenn sie einen kräftigen Frost abbekommen haben. Aus Hagebutten haben schon unsere Großmütter ein wohlschmeckendes und heilkräftiges Mus hergestellt (Seite 65)

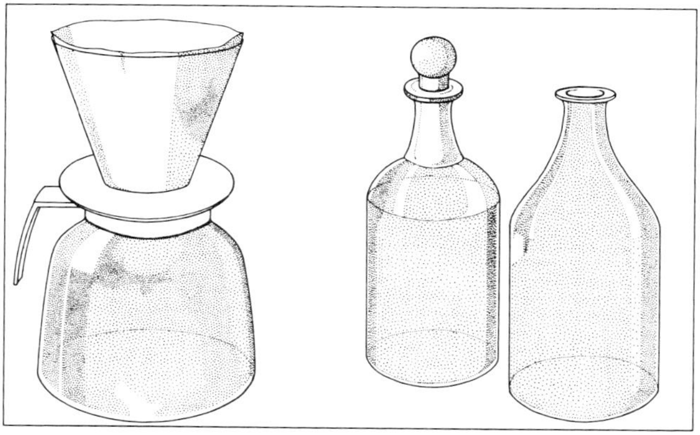

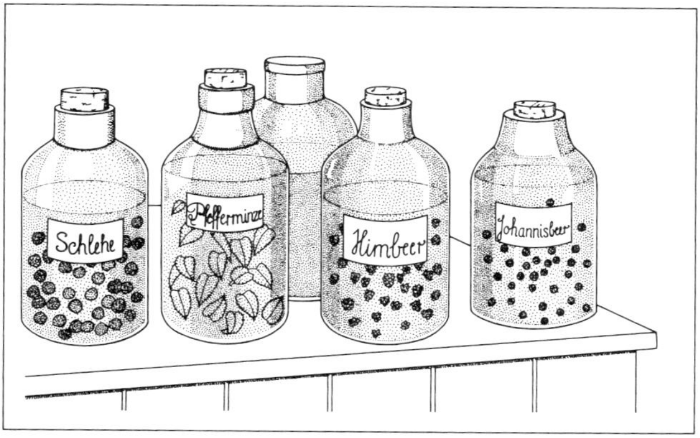

Selbstgemachter Likör aus Kräutern oder Beeren: Die mit Zucker und Alkohol gemischten Zutaten werden sechs Wochen an einen warmen Ort gestellt. Dann siebt man sie durch einen Kaffeefilter ab und gibt den Likör in hübsche Flaschen. Nach mindestens acht weiteren Wochen kann man ihn versuchen.

Likör aus Beeren und Kräutern

Aus den aromatischen Wildbeeren – aber auch aus anderen Wildpflanzen – kann man ausgezeichnete Liköre herstellen. Man muß diesen Fruchtlikören allerdings Zeit zum Reifen lassen – vor Weihnachten lohnt es sich gar nicht, die erste Flasche anzubrechen. Aber wenn dann die Winterstürme ums Haus brausen und man am Abend ein Gläschen fruchtigen Wildbeerenlikörs kredenzt, dann kommt die ganze Süße des Sommers in Gedanken zurück und man stellt fest, daß das Warten sich gelohnt hat. Je älter nämlich ein Likör wird, desto besser ist er. Das einfachste ist, Likör aus einer einzigen Fruchtsorte zu bereiten, also Brombeerlikör, Schlehenlikör, Hagebuttenlikör, Himbeer- oder Ebereschenlikör. Interessanter wird der Geschmack, wenn man verschiedene Früchte mischt, dann allerdings geht der Eigengeschmack der einzelnen Sorten verloren. Zutaten wie Zitrone, Zimt und Nelken können das Aroma verändern, verfeinern oder hervorheben. Hier ist der schöpferischen Fantasie keine Grenze gesetzt. Irgendwann findet jeder

Likörfan seine ganz spezielle »Hausmarke« heraus und wird dann das Rezept eifersüchtig geheimhalten. So lächerlich es klingen mag – erkundigt man sich einmal beim Gastgeber, der einen besonders wohlschmeckenden Likör eigener Herstellung angeboten hat, nach dem Rezept, so wird er sich entweder herausreden oder sogar ein Rezept nennen. Der Likör wird aber nach diesem Rezept nicht annähernd so schmecken wie das bewunderte und gelobte Vorbild.

Liköre aus Wildkräutern sind ein besonders weites Feld zum Experimentieren. Einfach ist es noch beim Pfefferminzlikör (Seite 89). Will man aber mit gemischten Kräutern – etwa mit Brunnenkresse, Oregano, Thymian, Schafgarbe – Kräuterliköre herstellen, so muß man mit kleinen Mengen herumprobieren, was am besten dem eigenen Geschmack entspricht. Man kann Kräuterliköre süß machen oder herb wie Magenbitter.

Es gibt zwei Arten, Liköre herzustellen; nämlich mit Weingeist oder Branntwein. Weiche Früchte wie Himbeeren, Brombeeren und Holunder entfalten ihr Aroma im Alkohol problemlos, wenn man sie einfach zerstampft. Bei »hartleibigerem« Material, wie etwa Hagebutten oder Nüssen hilft man etwas nach, indem man die kleingeschnittenen Früchte oder Nüsse mit heißer Zuckerlösung übergießt, bevor man sie mit dem Alkohol vermischt.

Für Kräuterliköre zerhackt man die gut gewaschenen Blätter und Stiele der Wildpflanzen grob, bevor man sie mit dem Weingeist oder dem Branntwein ansetzt. Ansonsten werden sie genau

Likörbereitung mit Weingeist

Man zermust 500 g Früchte und mischt sie mit 1 Liter reinem Weingeist (96 Prozent) aus der Apotheke. Da Apotheken nur geringe Mengen Alkohol abgeben dürfen, bedarf es gewisser Eichhörnchenfähigkeiten, um 1 Liter für die häusliche Likörbereitung zu sammeln. Diese Mischung füllt man in weithalsige Flaschen, verschließt diese und läßt sie vier Wochen an einem warmen Platz stehen. Danach filtert man das Gemisch durch ein feines Leinentuch, eine doppelt gefaltete Mullwindel oder einen großen Kaffeefilter – das dauert einige Zeit. Was nach dem Durchlaufen des Gemisches übrig bleibt, wird gründlich ausgedrückt. Aus 1 Liter Wasser und, je nach Süße der Früchte, 300 bis 500 g Zucker und eventuell würzenden Zutaten kocht man eine Zuckerlösung und läßt sie abkühlen. Den aromatisierten Alkohol vermischt man mit dem Zuckersud und füllt den so entstandenen Likör in Flaschen. An einem dunklen und kühlen Ort muß er nun mindestens zwei Monate, lieber aber viel länger, reifen. Unsere Großeltern gingen davon aus, daß der Likör, den man im Spätsommer aus reifen Früchten ansetzte, an Weihnachten das erste Mal getrunken werden konnte.

Likörbereitung mit Branntwein
Sie ist einfacher und auch billiger. Dabei setzt man die zerquetschten Früchte zusammen mit der entsprechenden Menge Zucker (wiederum nach Süße der Früchte und nach eigenem Geschmack) in Branntwein (38 bis 50 Prozent) an, wobei die unterschiedlichen Aromen der Wässer den Geschmack des Likörs beeinflussen. Verwendet man klaren Korn, kommt das Aroma ohne Veränderung heraus; mit Gin, Rum oder Weinbrand kann man sehr pikante Variationen erzielen. Auch diese Mischung bleibt in den geschlossenen Flaschen vier Wochen in der Wärme stehen. Dann wird sie abgefiltert, auf saubere Flaschen gezogen und ebenfalls zwei bis vier Monate bis zur ersten Kostprobe im Keller gelagert.

wie die Beerenliköre zubereitet. Zum Pfefferminzlikör gehört unbedingt die Schale einer ungespritzten Zitrone. Ein ungewöhnliches Getränk ist Buchenblätterlikör. Dabei setzt man ganz junge grüne Buchenblätter – sie müssen allerdings schon voll entfaltet sein – mit Gin an. Der »Waldlikör« wird herrlich grün und schmeckt tatsächlich nach Wald.

Wein aus Waldbeeren

Für unsere Großmütter und Urgroßmütter – ob auf dem Lande oder in der Stadt – war es selbstverständlich, aus Beeren und Früchten eigenen Wein zu keltern. Die Rezepte wurden oft über Generationen in einer Familie weitergegeben und die besten hütete man eifersüchtig. Es war der Stolz jeder Hausfrau, vor oder nach einem festlichen Essen ein Glas eigenen Wein zu kredenzen und natürlich sollte er besser sein, als der der Nachbarin. Nun darf man natürlich einen selbst gekelterten Beerenwein nicht mit dem Wein aus Trauben oder Äpfeln vergleichen. Beerenweine sind echte Dessertweine, also ziemlich süß. In größeren Mengen genossen, haben sie einen handfesten Kater zur Folge. Ein oder zwei Gläschen aber sind eine Köstlichkeit.
Wein kann man aus Heidelbeeren, Brombeeren, schwarzem Holunder, Himbeeren, Erdbeeren, Hagebutten und Schlehen herstellen.
Man darf hier durchaus auch schon überreife, zerquetschte Früchte verwenden, nur faul oder gar schimmlig dürfen sie auf keinen Fall sein.

Hagebutten müssen zerschnitten und entkernt werden, bevor man sie zu Hagebuttenwein verarbeiten kann. Man übergießt sie mit in warmem Wasser geklärtem Zucker und läßt die Maische zehn Tage in einem zugebundenen Eimer stehen. Dann wird der Rohwein durch ein Mulltuch in eine Ballonflasche gesiebt, die man mit einem Gäraufsatz verschließt. Ist die Gärung in der Ballonflasche abgeschlossen, zieht man den Hagebuttenwein auf Flaschen und läßt ihn noch mindestens drei Monate stehen.

Zur Weinzubereitung braucht man eine große Ballonflasche von 10 bis 50 Litern Inhalt, je nachdem wieviele Früchte zur Verfügung stehen. Dazu einen Gäraufsatz, einen 1 m langen Plastikschlauch und ein Gerät zum Verkorken. Das gibt es alles in jeder Drogerie zu kaufen. Die übrigen Geräte, Eimer, Schüsseln, Stampfer, finden sich in jedem Haushalt. Außerdem benötigt man – ebenfalls aus der Drogerie – Reinzuchthefe, die es in verschiedenen Geschmacksrichtungen gibt, Weinsteinsäure oder (für Früchte mit wenig eigener Säure) Zitronensäure und ein Hefenährsalz.

Das Grundrezept zur Weinherstellung ist für alle Beerenfrüchte ungefähr dasselbe – jeder »Beerenwinzer« wird mit der Zeit seine ganz speziellen Mischungen, Gewürzzutaten und Süßigkeiten heraustüfteln.

Aus weichen Beeren wird der Saft roh gepreßt. Man rechnet pro Liter Saft zwei Liter Wasser und etwa 150 g Zucker. Zucker und Wasser werden zusammen erwärmt, bis der Zucker geklärt ist, abgekühlt und dann zu dem frisch gepreßten Beerensaft gegeben. Am einfachsten verrührt man das Ganze in einer großen Schüssel oder in einem sauberen (neuen) Plastikeimer. Zu der Flüssigkeit kommen nun Hefe und Hefenährsalz nach der genauen Angabe auf dem Hefepräparat und auf 15 Liter 30 g Zitronensäure oder Weinsteinsäure. Mit einem Trichter füllt man die Flüssigkeit in die Ballonflasche, die man die ersten drei Tage mit einem sauberen, luftdurchlässigen Tuch verschließt. Die Ballonflasche wird an einen möglichst warmen Ort gestellt. Je wärmer der Platz zum Gären ist, desto besser, falsch wäre es allerdings, die Flasche direkt auf eine Wärmequelle zu stellen, etwa auf den Kachelofen. Wärmer als 30 °C sollte das warme Plätzchen doch nicht sein.

Bald wird es in der Ballonflasche wild zu gären beginnen. Nach drei Tagen wird der Gäraufsatz auf die Flasche gesetzt. Er verhindert, daß Außenluft in die Flasche kommt, läßt aber die bei der Gärung entstehende Kohlensäure entweichen. Nun kann man die Flasche von der Wärmequelle wegstellen, sie muß aber in einem warmen Raum stehenbleiben, bis die Gärung abgeschlossen ist. Das kann in zwei Wochen der Fall sein, kann aber auch zwei Monate dauern. Sobald keine Gasbläschen mehr in der Flüssigkeit aufsteigen, ist die erste Phase der Weinherstellung beendet.

Mit dem Plastikschlauch zieht man nun den Wein in einen Eimer ab – trinkbar ist er allerdings noch nicht. Die Ballonflasche wird gründlich gereinigt. Es gibt spezielle Flaschenbürsten für Ballonflaschen; sie wird aber auch sauber, wenn man in die Flasche eine Handvoll Sand gibt und dann kräftig mit Wasser schwenkt. Der Sand reibt alle Unsauberkeiten an den runden Wänden der Flasche ab. Gründlich nachspülen versteht sich hier von selbst – auch kein noch so kleiner Rest von Spülmittel darf mehr in der Flasche bleiben.

Ist die Flasche sauber, füllt man sie wieder mit dem jungen Wein. Mit dem Gäraufsatz kommt sie nun zur Nachgärung in einen kühleren Raum – bei 12 bis 15 °C reift der Wein am besten. Die Nachgärung dauert bei verschiedenen Früchten unterschiedlich lange, bis zu drei Monaten. Man muß hin und wieder probieren, ob der Wein trinkbar ist. Die Nachgärung kann auch in Flaschen vonstatten gehen, das riskieren aber Anfänger besser nicht. Erst wenn die Nachgärung vollzogen ist, wird der Wein auf Flaschen gezogen und mit unbedingt neuen Korken verschlossen. Neue Korken bekommt man nur mit einem Verkorkungsgerät in die Flasche. Versuche mit einem Hammer oder ähnlichen Hilfsmitteln enden mit Katastrophen. Nun muß der Beerenwein nochmals einige Monate lagern – dann erst ist er richtig gut.

Will man Wein aus Schlehen, Hagebutten und Vogelbeeren zubereiten, muß man eine andere Methode anwenden, weil sich diese Früchte nicht roh entsaften lassen. Man wird also eine Maische herstellen. Die Früchte werden sauber gewaschen und zerquetscht. Bei den Hagebutten sind vorher die harten Kerne zu entfernen, bei den Schlehen sollte man aufpassen, daß die Kerne nicht verletzt werden, denn diese enthalten Blausäure. Über das so entstandene Mus gießt man in einen sauberen Eimer den mit warmem Wasser geklärten Zucker, dieselbe Menge wie bei den anderen Beerenweinen. Hefenährsalz, Hefe und Zitronensäure werden zugefügt. Die Maische läßt man entweder in dem Eimer zehn Tage vergären, was am einfachsten ist. Dabei muß aber ganz peinlich darauf geachtet werden, daß kein Schmutz und kein Staub in die Flüssigkeit kommt. Besser, aber umständlicher ist es, die Maische in die Ballonflasche zu füllen und sie darin gären zu lassen – aber nicht mit dem Gäraufsatz, sondern mit einem Flaschenverschluß aus einem Leinentüchlein. Nach zehn Tagen wird die Maische durch ein Leinentuch oder eine doppelt gelegte Mullwindel abgesiebt. Es ist etwas schwierig, die Maische wieder aus der Flasche zu bekommen. Es geht aber ganz gut, wenn man sich einen festen Draht zurechtbiegt, mit dem man beim Umfüllen immer wieder umrührt, damit keine feste Masse am Boden der Flasche sitzen bleibt. Der abgesiebte Rohwein wird in die gesäuberte Ballonflasche zurückgegeben, mit dem Gäraufsatz verschlossen und zwei bis drei Monate in einen kühlen Raum gestellt, bis man ihn in Weinflaschen umfüllen kann.

Zum Schluß ein Tip: Damit Wein aus schwarzem Holunder ganz sicher bekömmlich wird, denn empfindliche Mägen vertragen ihn nicht sonderlich, verwendet man keinen kaltgepreßten Saft. Man erhitzt die Beeren mit Zuckerwasser auf 80 °C. Nach dem Abkühlen kommen die Zutaten dazu und die Maische in die Ballonflasche.

Kräuter in Essig und Öl

Eine besondere und zugleich einfache Art, das Aroma von Wildkräutern zu konservieren, ist das Einlegen in Essig und in Öl. Die feinen Kräuter geben bald ihren Geschmack an die Flüssigkeit ab, Salate können so auch im Winter delikat gewürzt werden. Alle Kräuter, die einen starken Eigengeschmack haben, eignen sich zum Einlegen in Essig oder Öl – also Oregano, Thymian, Bärlauch, Pfefferminze, Schafgarbe usw. Auch hier stehen natürlich dem eigenen Ausprobieren Tür und Tor offen.

Man siebt den Essig nicht ab, sondern

Blüten und Kräuter können Essig oder Öl stark aromatisieren. Die hübschen Flaschen sehen in der Küche sehr dekorativ aus.

Kräuteressig
Für den Kräuteressig verwendet man einen neutral schmeckenden Essig, am besten Wein- oder Apfelessig. In hübsche helle Flaschen steckt man einige Zweige der frischen, sauber gewaschenen Kräuter. Es erhöht den Geschmack, wenn die Blüte daran bleibt. Sind die Kräuter in der Flasche, wird mit Essig aufgegossen, bis alle Pflanzenteile damit bedeckt sind. Die Flasche wird verschlossen und an einen warmen Platz gestellt, das darf ruhig ein sonniges Fenster sein. Schon nach einer Woche ist der Essig gebrauchsfertig, er kann aber auch monatelang stehenbleiben (dann allerdings nicht mehr an der Sonne).

läßt die Pflanze in der Flasche. Es ist durchaus möglich, immer wieder neuen Essig nachzugießen – allerdings nicht unbegrenzt. Da diese Flaschen mit Kräuteressig sehr dekorativ aussehen, wird man sie nicht in einen Schrank einsperren, sondern tunlichst auf einem Küchenregal zur Schau stellen.
Legt man die Kräuter in Öl ein, verfährt man auf dieselbe Weise. Öl nimmt allerdings den Geschmack nicht so schnell an, wie Essig, man muß etwa drei Wochen warten, bis man das Kräuteröl verwenden kann. Öl bewahrt man auch besser in einer dunklen Flasche oder in einem Schrank auf. Im Licht wird es leicht etwas trüb, was dem Geschmack aber keinen Abbruch tut.
Kräuteröl verwendet man nicht nur für Salatsoßen. Steaks, mit Kräuteröl eingepinselt, schmecken delikat, auch einer Pizza tut ein Löffel Oregano-Öl obenauf gut. Eine Mayonnaise aus Kräuteröl zum Fleischfondue ist ein Ereignis.

Die bequemste Methode, Kräuter zu trocknen: Man bindet sie frisch gepflückt zu Sträußen und hängt sie auf einer Wäscheleine an einen warmen schattigen Platz.

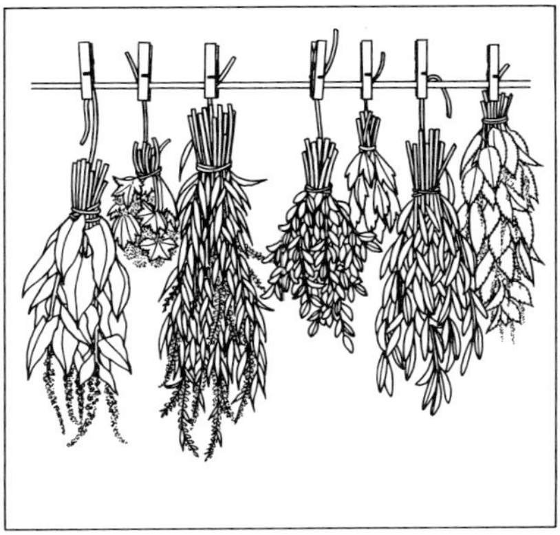

Trocknen für den Winter

Viele Pflanzen, vor allem Tees und Gewürze, konserviert man durch Trocknen oder Dörren. Das ist sicher die älteste und einfachste Art, die wohlschmekkenden und gesunden Genüsse für den Winter aufzubewahren. Allerdings sollte man, bei noch so reichlichen Ernten, niemals mehr trocknen, als man für einen Winter braucht, denn länger als ein Jahr sind Heil- und Würzkräuter nicht schmackhaft. Auch wenn man sie noch so gut verpackt, Aroma und Heilwirkung sind nach einem Jahr dahin. Pflanzen, die man trocknen möchte, werden immer bei trockenem Wetter gesammelt, Pflanzen mit Blüten über Mittag, wenn die Blüten voll aufgeblüht sind.

Die einfachste Art der Trocknung ist, die Pflanzen zu Sträußen zu binden und sie an einem schattigen Ort aufzuhängen. Klar, daß man sie vor Luftfeuchtigkeit schützt – sonst dauert die Trocknung zu lange. Am praktischsten ist ein Dachboden mit Durchzug oder ein luftiger Schuppen. Die Pflanzen sind trocken, wenn die Blätter sich leicht zerbröseln, die Stiele ohne weiteres brechen lassen. Niemals trockne man aber – obwohl das schnell geht – die aromatischen Pflanzen an der prallen Sonne. Sie werden braun und geschmacklos. Dann schon lieber im Backofen bei 40 °C und leicht geöffneter Ofentür.

Wenn man Wildkräuter im Backofen trocknet, werden sie natürlich nicht in Sträußen gebunden. Man legt entweder die einzelnen Pflanzen zum Trocknen hinein, wenn die Büschel nicht zu dicht sind, oder man zerschneidet die Stengel in große Stücke. Da das Trockengut Wärme von oben und von unten braucht, spannt man auf den Grillrost im Backofen ein Stück Gazetuch und legt die Wildpflanzen locker darauf – aber nicht zu dicht. So muß nicht ständig gewendet werden, was notwendig ist, wenn man die Pflanzen auf dem Backblech trocknet. Wichtig ist vor allem, daß die Backofentür ein Stückchen offenbleibt, damit die Feuchtigkeit entweichen kann.

Für Pflanzen, die man nicht in Sträuße binden kann und die man trotzdem im Freien (aber nicht in der Sonne) oder auf dem Dachboden trocknen möchte, kann man ganz leicht Trockenhurden bauen. Man spannt Fliegendraht oder Gaze auf einen Rahmen aus Dachlatten – ein altes Fenster ohne Glas tut es auch. Raffiniert und recht einfach zu bauen ist eine Trockenkiste, bei der die Sonnenenergie ausgenützt wird. Sie lohnt sich allerdings nur, wenn man sehr viel zum Trocknen und Dörren hat – also auch Äpfel, Birnen und Zwetschgen aus dem Garten. Man stellt eine stabile, ziemlich große Bretterkiste, die auf einer Seite offen ist, auf vier etwa 50 cm hohe Pfosten. Vom Unterboden der Kiste bis zum Boden baut man nun einen einfachen »Sonnenkollektor«:

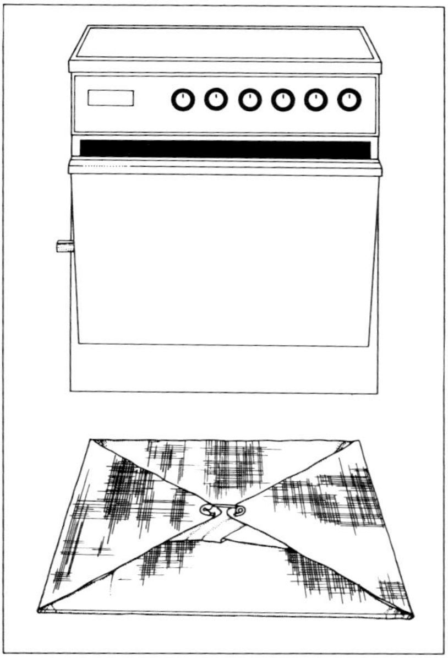

Will man Kräuter im Backofen trocknen, überzieht man den Grillrost mit einem Gazetuch oder mit Fliegendraht.

Die Backofentür bleibt einen Spalt geöffnet, damit die Feuchtigkeit abziehen kann.

Zuerst nagelt und leimt man einen 20 cm starken Rahmen zusammen. Die Unterseite des Rahmens schließt man mit einer dünnen Spanplatte, die innen mit schwarzer Gartenfolie bespannt ist. Oben auf den Rahmen kommt Glas oder klare Gartenfolie. Strahlt nun die Sonne auf diesen primitiven Kollektor, erwärmt sich die Luft im Innern des Rahmens, steigt schräg auf in die Kiste (natürlich läßt man den Rahmen zur Kiste hin offen) und steigt dann in der Kiste hoch, bis sie oben durch einen Luftschlitz wieder austritt. Diese warme Luft trocknet Kräuter und Früchte aufs beste – und kostenlos. Man schichtet das Trockengut auf mehrere Trockenböden, die man, da sie ja luftdurchlässig sind, in beliebiger Zahl übereinander in die Kiste einschieben kann.

Einfacher, wenn auch teurer, ist es, sich einen Dörrapparat anzuschaffen, den es in verschiedenen Größen im Handel gibt. Da alle diese Apparate mit Thermostat und Zeitschaltuhr versehen sind, kann gar nichts schiefgehen. Der Energieverbrauch kann allerdings erheblich sein. Sinnlos ist das schnelle Trocknen im Warmhaltefach eines Kachelofens. Das Trockengut wird viel zu schnell trokken und verliert alle Wirkstoffe, auch wenn es nach außen hin recht proper aussieht.

Will man Beeren für Tee trocknen – Heidelbeeren und Hagebutten eignen sich dafür – klappt das am besten im Backofen bei etwa 50 °C und leicht geöffneter Tür. Es dauert aber einige Stunden. Die Beeren sind richtig gedörrt, wenn sie trocken, aber nicht hart sind; man muß öfter nachprüfen. Wer Energie sparen möchte und einen Kachelofen hat, stellt die bereits beschriebenen Trockenhurden aus Dachlatten und Fliegengaze übereinander an den Ofen, Abstand wird mit einem Ziegelstein gehalten. Allerdings sollte dann der Kachelofen nicht gerade auf vollen Touren geheizt werden.

Sind Blätter und Früchte getrocknet, bewahrt man sie in Blechbüchsen oder Pappschachteln auf. Allerdings darf man so nur solche Kräuter aufbewahren, die auch wirklich richtig trocken sind. Und selbst dann, wenn man überzeugt ist, alles richtig gemacht zu haben, sollte man immer wieder nachschauen, ob das Trockengut nicht zu schimmeln anfängt. Was nämlich nach außen hin als absolut trocken aussieht, kann trotzdem von innen her noch etwas Feuchtigkeit enthalten – das gilt für Wurzeln, Beeren und auch für Blätter. Wenn man weiß, daß man den Tee bald verbrauchen wird – das ist bei Hausteemischungen ja meist der Fall – können die getrockneten Blät-

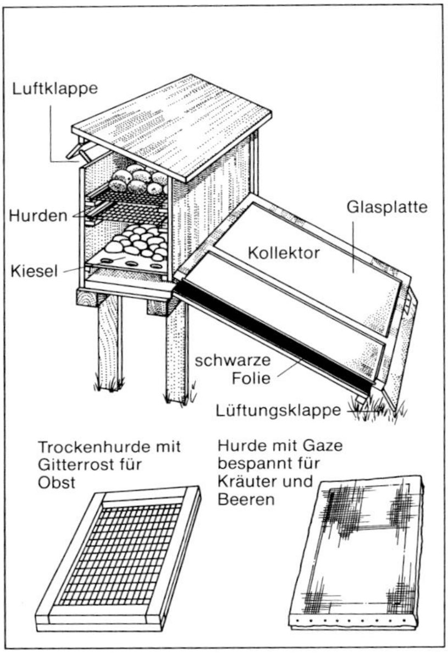

In diesem Trockengestell mit »Sonnenkollektor« kann man Beeren, Kräuter und Obst gleichzeitig trocknen.

ter auch in normalen Papiertüten aufbewahrt werden; nur nicht allzulange, sonst verlieren sie den Geschmack. Aber zwei bis drei Monate halten sie sich in diesem Behältnis ausgezeichnet.
Getrocknete Früchte sollte man grundsätzlich in flachen Schachteln aufbewahren, in denen nicht allzuviele Schichten übereinanderliegen. Gerade hier ist regelmäßige Kontrolle wichtig.
Getrocknete Blüten sollten immer in gut schließenden Blech- oder Glasbehältern aufbewahrt werden, denn sie ziehen sonst immer wieder Feuchtigkeit an. Die getrockneten Kräutersträuße läßt man auf dem Dachboden hängen, schützt sie aber mit einem Mulltuch vor Staub. Zum Verschenken von selbstgeerntetem und selbstgetrocknetem Kräutertee – aber nur zum Verschenken – näht man kleine Säcke aus buntem Baumwollstoff oder Jute. Immer mit dem Hinweis, den Tee später in Büchsen umzufüllen.

Nüsse müssen zwar nicht direkt getrocknet werden, doch sollte man sie unbedingt an einem warmen trockenen Ort lagern und bis Weihnachten verwenden.

Fermentieren von Tee

Wem der Geschmack von schlicht getrocknetem Haustee zu bieder ist, kann Blätter von Brombeeren, Himbeeren und Erdbeeren fermentieren. Der fermentierte Tee schmeckt feiner als der aus getrockneten Blättern. Man läßt die Blätter leicht anwelken, sie dürfen aber auf keinen Fall richtig trocken werden. Am besten läßt man sie nach dem Pflükken einfach einen Tag lang im Sammelkorb liegen. Dann legt man sie ausgebreitet auf ein sauberes Tuch – nicht zu viele auf einmal – spritzt sie mit Wasser ein und rollt das Tuch zusammen. Es darf nur leicht feucht sein, also nicht »triefen«. Diese Rolle legt man vier Tage lang an einen warmen Platz. Wieder ausgepackt, duften die Blätter fein nach Blüten. Wenn sie dann getrocknet sind, ist der Duft weg. Die Enttäuschung darüber ist allerdings verfrüht, denn – oh Wunder – hat man den fermentierten Tee einige Tage in einer Blechdose aufbewahrt, entwickelt sich der Blütenduft wieder. Fermentierter Tee schmeckt ein bißchen wie der grüne chinesische Tee. Ein ganz besonderes Aroma bekommt er, wenn man ihn mit getrockneten Apfelschalen vermischt – aber erst in der Kanne!

Fermentierte Blätter von Brombeeren und Himbeeren schmecken ähnlich wie chinesischer Tee. Sie werden einen Tag nach dem Pflücken in ein angefeuchtetes Tuch gerollt, und vier Tage an einen warmen Platz gelegt. Danach duften die Blätter fein. Getrocknet verlieren sie zwar ihren Duft, aber in einem geschlossenen Glas aufbewahrt, geben sie ihr feines Aroma beim Überbrühen an den Tee ab.

Wildpflanzen als Heil- und Hausmittel

Die meisten Wildpflanzen sind auch Heilpflanzen. Man kann sie auf vielerlei Arten anwenden. Gegen Husten, Rheuma, Bauchweh, Verletzungen, kurzum, gegen jede Krankheit ist ein »Kräutlein gewachsen«. Die gebräuchlichste Verwendung der Heilkräuter ist die als Tee. Heiltees trinkt man in kleinen Mengen, nicht literweise gegen den Durst. Im allgemeinen gilt die Regel, daß man einen Teelöffel getrocknete Teeblätter auf eine Tasse Wasser verwendet. Der Tee wird mit heißem Wasser überbrüht und nach 5 bis 10 Minuten abgesiebt. Am wirksamsten ist Heiltee vor dem Frühstück. Danach trinkt man in kleinen Portionen über den Tag verteilt nochmals zwei Tassen. Wenn man den Tee mit Honig süßt, anstatt mit Zucker, steigert das seine Wirkung.

Solange man die Teekräuter frisch in der Natur findet, kann man den Tee natürlich auch aus frischen Pflanzenteilen zubereiten. Er schmeckt etwas anders, ist aber noch wirksamer, als Tee aus getrockneten Blättern und Blüten.

Blutreinigungskur aus frischen Kräutern:
Man überbrüht eine starke Handvoll frische Schlüsselblumen (Blüten und Blätter), Holunderblätter, Brennesseln und kleingeschnittene frische Wurzeln von Löwenzahn mit einem Liter kochenden Wasser. Nach zehn Minuten seiht man ab und trinkt den Tee über den ganzen Tag verteilt. Allerdings sollte diese »Frühjahrskur« mindestens vier, längstens sechs Wochen lang durchgehalten werden.

Aber warum sollen nur die Menschen an den Heilkräften der Natur teilhaben? Auch Haustieren kann man mit Heilkräutern manchen guten Dienst erweisen. Da nun aber einmal kein Hund und keine Katze (auch kein Pony und kein Stubenvogel) Tee trinkt, mischt man eine kleine Prise getrockneter oder frischer Kräuter ins Futter, auch wenn die Tiere nicht krank sind. Macht man im Frühjahr und Herbst rechtzeitig mit seinem Haustier eine Brennesselkur – getrocknete Blätter ins Fressen – dann vollzieht sich der jahreszeitlich bedingte Fellwechsel problemlos, und das neue Winter- oder Sommerfell ist glänzend und dicht.

Bei Erkältungskrankheiten hilft noch besser als Tee ein Hustensirup, den man sehr gut selbst zubereiten und lange aufbewahren kann.

Auch Kinder nehmen diesen leckeren Hustensirup gern. Aus Huflattich- und Wegerichblättern kann man einen anderen, allerdings ziemlich aufwendigen, Hustensirup herstellen:

Hustensirup aus Löwenzahn
Man nimmt dafür zwei große Hände voll Löwenzahnblüten, setzt ihn in 1 Liter kaltem Wasser auf, läßt ihn einmal aufkochen und dann über Nacht stehen. Am nächsten Tag wird die Flüssigkeit durch ein Tuch abgesiebt und ausgepreßt. Vermischt mit 1 kg Zucker und dem Saft einer Zitrone läßt man den Saft solange auf kleinster Hitze ziehen (nicht kochen, dabei gehen die Heilkräfte zugrunde), bis er sirupartig eingedickt ist.

Zubereitung von Hustensirup aus Huflattich- und Wegerichblättern.

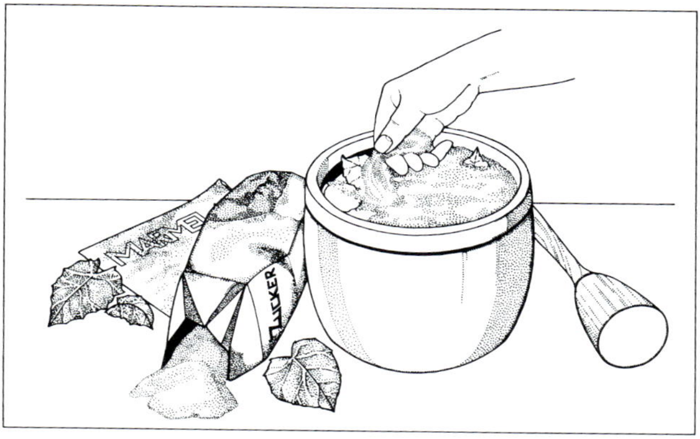

Hustensirup aus Huflattich und Wegerich

In ein Einmachglas schichtet man abwechselnd eine Lage Blätter und eine Lage braunen Zucker. Nach einigen Stunden setzt sich der Glasinhalt, dann kann man nochmals eine Portion Blätter und Zucker einschichten. Das Glas muß sehr gut vollgepackt sein. Man bindet es fest zu und stellt es acht Wochen lang in gleichmäßige Wärme. Früher gruben die Bäuerinnen diese Gläser oder Krüge in einer geschützten Ecke des Gartens in den Boden ein. Dort ist die Wärme am gleichmäßigsten. Aber auch ein warmes Plätzchen neben dem Herd ist geeignet. Ist die Zeit abgelaufen, hat die Kräuter-Zucker-Mischung eine Gärung durchgemacht. Man nimmt sie aus dem Glas, siebt sie durch ein Mulltuch, quetscht den Rest gut aus, und kocht den so gewonnenen Sirup einmal kurz auf. Abgekühlt wird er in kleine Flaschen gefüllt. Man nimmt den Sirup – der das ganze Jahr über hält – teelöffelweise bei Husten oder schon als Vorbeugung in Grippezeiten.

Nicht nur innerlich helfen die Heilkräuter aus der Natur, man wendet sie genau so oft und mit guter Wirkung äußerlich an, zum Beispiel als Kräuterbäder. Gegen Rheuma, Nierenerkrankungen und manche Frauenkrankheiten wirken Kräuterbäder oft wahre Wunder. Dafür setzt man am Abend einen Eimer voller Kräuter – Blätter, Stiele und Blüten – mit kaltem Wasser an und läßt das Ganze bis zum anderen Abend ziehen. Abgesiebt und leicht angewärmt kommt der Kräuterauszug ins Badewasser. Bei stark aromatischen Kräutern nimmt man nur eine handvoll, übergießt sie mit

Gegen Verbrennungen und bei Verletzungen hilft Johannisöl. Voll aufgeblühte Johanniskrautblüten werden in gutes Olivenöl gelegt und so lange an ein sonniges Fenster gestellt, bis sich das Öl leuchtend rot färbt.

heißem Wasser, läßt sie ziehen und gibt den Auszug ins Sitz-, Voll- oder Fußbad. Ganz einfach ist es, getrocknete Kräuter in ein Mullsäckchen einzubinden und direkt ins Badewasser zu legen.
Wenn sich in früheren Zeiten ein Bauer auf dem Feld verletzte, rannte er nicht gleich nach Salbe und Pflaster. Er pflückte am Wegrand eine Handvoll Spitzwegerich oder Beinwell, band die Blätter auf die Wunde, und sie verheilte wunderbar. Diese Heilkraft der frischen Blätter vieler Pflanzen kann man sich auch heute noch ebenso zunutze machen. Bei kleineren Verletzungen und Brandwunden, aber auch bei schlecht heilenden Wunden und Geschwüren hilft ein Kräuterbrei oft erstaunlich schnell. Man zerreibt einfach einige Blätter – am heilsamsten sind Spitzwegerich, Beinwell, Wegwarte und Ackerschachtelhalm – legt den Kräuterbrei auf die Wunde und läßt ihn einige Zeit einwirken. Wenn man sich zum Beispiel bei einer Wanderung eine Blase gelaufen hat, verschwinden Schmerzen und die Blase nach dieser Naturbehandlung schnell.
Aus den Wurzeln des Beinwell kann man ein Mehl zubereiten, das, zu einem Brei verrührt und auf eine rheumatische Stelle gelegt, in vielen Fällen hilft. Die Wurzeln werden dafür getrocknet und dann mit der Kaffeemühle gemahlen. Auch eine Tinktur aus Beinwellwurzeln, die man zwei Wochen lang in Weingeist legt und in die Wärme stellt, hilft bei Gelenkschmerzen (s. Seite 47).
Frischen Ackerschachtelhalm legt man über Nacht in kaltes Wasser und wäscht sich anderntags mit diesem Wasser die Haare, das wirkt erstaunlich gegen Schuppen. Gegen Pickel und unreine Haut wendet man Brunnenkresse an. Entweder reibt man das ganze Gesicht mit dem Saft der Brunnenkresse ein oder legt einen Brei aus frischer Brunnenkresse auf die kranken Stellen.
Leicht herzustellen und sehr wirksam sind Kräuteröle gegen allerlei Beschwerden. Am bekanntesten ist wohl das Johannisöl aus den Blüten des Johanniskrautes. Die Blüten dieser goldgelben Pflanze werden in einem Glas mit gutem Olivenöl übergossen. Nach zwei bis vier Wochen färbt sich das Öl leuchtend rot. Es wirkt besonders gut bei Verbrennungen. Aus Bärlauchblättern stellt man nach derselben Methode ein Öl her, das man tropfenweise einnimmt. Es hat, wenn auch etwas abgeschwächt, dieselbe Wirkung wie die frischen Bärlauchblätter, die ja nur etwa zwei Monate lang gesammelt werden können.
Kräutersäckchen sind schon immer verwendet worden. Aus einem leichten Stoff – etwa aus alten Mullwindeln – näht man kleine Säckchen, in die man getrockneten Thymian oder Kamille einfüllt. Sie helfen bei Ohrenschmerzen. Man legt die Kräutersäckchen auf den Ofen oder wärmt sie, wenn es schnell gehen muß, auf einem heißen Bügeleisen, und legt sie auf die schmerzenden

Gegen Motten helfen Sträuße aus getrocknetem Steinklee, die man zwischen die Kleider hängt. Kleine hübsche Säckchen mit wohlriechenden Kräutern im Schrank machen die Wäsche duftend.

Stellen. Auch Gelenkschmerzen kann man mit Kräutersäckchen lindern.
Säckchen mit duftenden Kräutern kann man auch in Schränke und Schubladen legen, damit die Wäsche immer frisch nach Kräutern riecht. Der Bocksklee vertreibt sogar die Motten – darum heißt er im Volksmund auch Mottenklee. Ein Strauß davon, richtig getrocknet, garantiert, daß die Schränke frei von diesem Ungeziefer bleiben. Ein dicker Strauß Rainfarn im Zimmer vertreibt zuverlässig Fliegen.
Zu der Verwendung von Wald- und Wiesenpflanzen als Heilmittel muß allerdings eines gesagt werden: Es sind keine Wundermittel. Sie unterstützen die eigenen Abwehrkräfte, haben oft auch wirkliche, zum Teil noch nicht einmal ganz erforschte Heilkräfte. Aber Allheilmittel sind sie nicht. Wenn darum eine ernsthafte Erkrankung vorliegt, sollte man zum Arzt gehen. Man kann ihn ja ruhig fragen, ob diese oder jene natürliche Arznei angewendet werden kann. Ärzte halten heute wieder viel von Naturheilmitteln und wissen, wann und wo sie angewendet werden dürfen und wann und wo nicht.
Darum sollte man auch niemals mit so gefährlichen wildwachsenden Heilpflanzen wie etwa dem Fingerhut auf eigene Faust den Doktor spielen. Es könnte schlimme Folgen haben!

Färben mit Wildpflanzen

Mit Pflanzen aus unserer einheimischen Flora kann man sehr gut Wolle und Stoffe färben. Die Farbtöne sind allerdings nicht so knallig und leuchtend, wie man sie mit exotischen Färbehölzern oder mit speziellen Färberpflanzen erzielt, aber sie sind sehr klar und zart. Vor allem Gelb- und Brauntöne kann man mit einheimischen Pflanzen erzielen, sowie graue und rötliche Töne. Blau kann man mit einheimischen Pflanzen überhaupt nicht färben, dazu braucht man Indigo (das es in Spezialgeschäften gibt). Das Verfahren ist recht kompliziert. Kräftige Rottöne zum Beispiel erreicht man mit Rotholz, Krappwurzeln, Henna und Koschenille. Diese Färbemittel bekommt man in den Apotheken.
Wer aber mit einheimischen Pflanzen färben will, muß wissen, welche Pflanze welchen Farbton ergibt:

Birkenblätter: Gelb
Birkenrinde: helles Rotbraun
Blutwurz (Tormentill): Altrosa
Brombeerblätter: Gelb
Brombeeren: Rosa
Brennesseln: Braun
Erlenblätter: Grüngelb
Himbeerblätter: Gelb
Haselnußblätter: Lohfarben
Johanniskraut: Goldgrün
Kamille: Goldgelb
Sauerampfer: lichtes Gelb
Schafgarbe: Gelb
Walnußschalen: Braun
Walnußblätter: Grünlich

Zum Färben von Schafwolle – aber auch Baumwolle und Seide kann man gut mit natürlichen Farben färben – braucht man möglichst ausgewachsene Pflanzen mit Blüte. Rinde wird niemals vom lebenden Baum geschält, sondern immer von bereits gefällten Bäumen – diese dürfen allerdings nicht schon vor Jahren geschlagen worden sein. Doch ein halbes Jahr können sie durchaus liegen.
Damit das Färbgut die Farbe überhaupt annimmt, und vor allem auch behält, muß es gebeizt werden. Die Beize, die im allgemeinen aus Metallsalzen besteht, läßt die Faser so aufquellen, daß sie sich innig mit der Farbe verbinden kann. Diese Beize ist leider in den allermeisten Fällen auch giftig, in einigen sogar sehr. Wer also wirklich ganz natürlich färben möchte, färbt die Wolle ganz ohne Beize – dann läuft die Farbe allerdings nach wenigen Wäschen wieder heraus. Ein guter Kompromiß ist das Färben mit Alaun, der ungiftig ist und auch die Wolle nicht kratzig werden läßt. Gibt man noch etwas Weinstein in die Beize, bleibt die Wolle mit Sicherheit weich. Alaun gibt es in der Apotheke.

So wird gefärbt

Pro Pfund Wolle braucht man ein Pfund Färberpflanzen – frische wenn möglich, aber man kann auch getrocknete Pflanzen nehmen. Dazu 100 g Alaun und 30 g Weinstein. Die Wolle – und man sollte nur reine Schafwolle nehmen – muß fettfrei sein. Hat man sie direkt beim Schafhalter gekauft, empfiehlt es sich, die Wolle mit einem Feinwaschmittel zu waschen. Man legt sie in Stränge von allerhöchstens 50 g und bindet diese mit einem Faden an drei

Stellen locker zusammen. In einem großen emaillierten Topf gibt man 15 Liter kaltes Wasser auf den Herd und rührt Alaun und Weinstein dazu, die man vorher in einem Schüsselchen mit heißem Wasser aufgelöst hat. Die Wolle wird in das kalte Beizbad gelegt. Sie muß vorher naß gemacht werden, wenn man sie nicht frisch gewaschen hat. Ganz langsam wird nun das Beizbad erhitzt, es sollte nicht kochen, sondern nur etwa 90 °C erreichen. Nach einer Stunde nimmt man den Topf vom Feuer. Inzwischen wird das Färbebad vorbereitet. Die Färbepflanzen werden kleingeschnitten und in ebenfalls 15 Liter kaltem Wasser aufs Feuer gesetzt und etwa eine Stunde lang gekocht. Verwendet man Baumrinde zum Färben, schneidet man sie tags zuvor in kleinste Stücke und weicht sie in warmem Wasser über Nacht ein. Bei Rinden empfiehlt es sich, sie nicht offen im Färbebad zu kochen, sondern in einer zusammengebundenen Mullwindel. Nach einer Stunde ist die Konzentration im Färbebad ausreichend, die Pflanzen werden abgesiebt.

Direkt aus dem Beizbad nimmt man nun die Wolle, drückt sie kurz aus – wobei man Gummihandschuhe tragen sollte – und legt sie in das Färbebad, das ebenfalls nur 90 °C heiß werden darf. Mit einem Holzkochlöffel drückt man die Stränge immer wieder in das Bad, damit sich alle Fasern gleichmäßig einfärben. Je nach gewünschtem Farbton nimmt man die Wolle nach einer halben bis einer Stunde wieder heraus. Je kürzer sie in der Farbe liegt, desto heller wird der Farbton. Besonders intensiv wird die Farbe, wenn man die Wolle zum Abkühlen im Farbbad liegen läßt.

Nun muß die Wolle ausgespült werden. Man beginnt mit derselben Temperatur, die das Färbebad hatte. Nimmt man die Wollstränge also aus der heißen Färbeflüssigkeit, ist das erste Spülbad ebenfalls heiß, die nachfolgenden haben dann immer niedrigere Temperaturen. Setzt man Wolle zu krassem Temperaturwechsel aus, wird sie hart. Hat man die Wolle im Farbbad abgekühlt, kann man kalt spülen. Man spült so lange, bis keine Farbe mehr im Spülwasser ist und hängt dann die Wollstränge im Freien an einem schattigen Platz auf. Niemals darf die gefärbte Wolle auf die Heizung zum Trocknen gelegt oder in die Sonne gehängt werden. Im ersten Fall wird sie hart, im zweiten verändern sich beim Trocknen die Farben.

Wenn man die Wolle mit Alaun beizt, bleiben die Farben ganz natürlich. Mit anderen Beizmitteln, die aber, wie gesagt, giftig sind, kann man die natürliche Farbe verändern. Chromkali macht die Farbe röter, mit Kupfersulfat erreicht man grüne Farbtöne. Man kann die gefärbte Wolle auch nachbeizen – man nennt das »entwickeln«. In Eisensulfat geht die Farbe dann ins Grünliche, bei Zinnchlorid wird sie heller. Mit diesen Beizen mischt man also bereits Farben, es sind dann nicht mehr die natürlichen Pflanzenfarben. Allerdings kann man dadurch mehr und interessantere Farbabstufungen erreichen.

Farbabstufungen sind ohnehin fast unausbleiblich beim Färben mit unseren einheimischen Pflanzen. Mehr als 500 g Wolle wird man kaum auf einmal färben können und bei jedem nachfolgenden Färben in derselben Färbeflüssigkeit wird der Farbton etwas heller.

Die einzelnen Pflanzen in alphabetischer Reihenfolge

Acker-Kratzdistel
Cirsium arvense

Man nennt die Acker-Kratzdistel auch »Jungfrau« oder »Junggeselle«, vermutlich wegen der guten Qualitäten hinter der stachligen Schale. Diese hübsche Distel wächst vorwiegend in Getreidefeldern und gilt bei Landwirten verständlicherweise als ein sehr lästiges Unkraut. Nahe Verwandte, wie die Gemeine Kratzdistel und die Stengellose Kratzdistel, wachsen auch auf Schutthalden, in Gebüschen, an Wegrändern und als Unkraut im Garten. Auch sie sind verwendbar, allerdings sind sie kleiner und deshalb schwieriger zu verarbeiten.

Wenn man die zwar dekorative, aber sehr stachlige Pflanze betrachtet, möchte man nicht glauben, daß sie sehr schmackhafte Mahlzeiten abgibt, denn sie macht, wie gesagt, ihrem Namen alle Ehre. Diese Distel ist nämlich eine Verwandte auch der Artischocke – und kann ebenso verwendet werden. Wer sie im Kochtopf haben möchte, muß sich allerdings viel Mühle machen – und Gummihandschuhe anziehen.

Die jungen Sprossen und Blütenstiele befreit man von den Stacheln und kocht sie wie Spargel oder in einer Käsesoße. Delikat aber sind vor allem die Blütenböden – und sie sind winzig klein. Man muß schon eine ansehnliche Menge von Distelblüten vor dem Aufblühen von Stacheln und Blütenblättchen befreien, bevor man eine Mahlzeit davon bereiten kann.

Distelknospen in Kräutersoße
250 g Distelknospen werden von Stacheln und Blütenblättern befreit. Man blanchiert sie in leicht gesalzenem Wasser und läßt sie in einem Sieb abtropfen. Danach werden sie in frischem Salzwasser mit etwas Zitronensaft 15 Minuten lang gegart. Aus frischen Gartenkräutern oder zart schmeckenden Wildkräutern, 1 hartgekochten Ei und 4 Eßlöffeln Mayonnaise wird eine kalte Soße gerührt und auf dem Teller über die Distelknospen gegeben.

Ackerschachtelhalm
Equisetum arvense

Der Ackerschachtelhalm ist vielerorts auch unter dem Namen Zinnkraut oder Scheuerkraut bekannt. Er enthält nämlich soviel Kieselsäure (bis zu 16 Prozent), daß man die Pflanze früher hauptsächlich zum Reinigen von Metallgeschirr verwendete. Vor allem Zinn wird wieder schön glänzend. Andere Namen der Pflanze sind Kuhtod, Duwack und Katzenschwanz. Den Ackerschachtelhalm findet man auf Feldern und Äckern, an Wegrändern und Dämmen und als Unkraut im Gemüsegarten. Ein naher Verwandter, der hohe Schachtelhalm ist größer, hat dickere Stengel und wächst vor allem auf nassen Böden.
Schachtelhalm wird für Heilzwecke als Tee und für Bäder verwendet und im Garten als biologisches Pflanzenschutzmittel. Man nimmt für die Bäder vorzugsweise den hohen Schachtelhalm, für den Tee wird der kleinere Ackerschachtelhalm verwendet. Wegen des hohen Gehaltes an Kieselsäure wirkt der Ackerschachtelhalm vor allem bei Blasen- und Nierenerkrankungen. Bei Stein- und Griesbildung trinkt man einen Aufguß aus getrocknetem Schachtelhalm. Dieser Tee hilft außerdem bei

zu schwacher Menstruation, bei Drüsenschwellungen und allen Erkrankungen von Lunge und Bronchien.
Bei Blasen- und Nierenerkrankungen macht man zusätzlich Sitzbäder in einem Schachtelhalmbad. Dazu füllt man einen Eimer randvoll mit frischem Schachtelhalm, füllt kaltes Wasser auf und läßt das ganze 24 Stunden stehen. Danach wird dieser Aufguß abgesiebt und dem Badewasser zugesetzt. Zwanzig Minuten für ein Sitzbad genügen.
Ein Schachtelhalmbad wirkt auch sehr gut bei schlecht heilenden Wunden, Ekzemen und Schorf. Hat man nur örtlich eine Wunde oder ein Geschwür, macht man Kompressen aus zerquetschtem Ackerschachtelhalm, der warm zwischen zwei Tücher gelegt und auf die kranke Stelle gebunden wird. Als Mittel gegen Schweißfüße sollte man folgendes ausprobieren: eine Handvoll Ackerschachtelhalm mit einem halben Liter Schnaps ansetzen und zwei Wochen an einen warmen Platz stellen. Mit der Tinktur reibt man täglich die sauber gewaschenen Füße ein.
Bio-Gärtner verwenden Ackerschachtelhalm im Garten als Spritzbrühe gegen Pilzbefall, Krautfäule und Milben. Dafür werden etwa 25 Stengel Schachtelhalm grob zerschnitten und in 10 Liter Wasser 24 Stunden lang eingeweicht. Dann läßt man diese Brühe eine halbe Stunde köcheln, siebt sie ab und spritzt sie nach dem Abkühlen mit der fünffachen Menge Wasser verdünnt.

Bärlauch
Allium ursinum

In feuchten, schattigen Laubwäldern, aber auch in Gebirgsgegenden, findet man im zeitigen Frühjahr den Bärlauch, auch wilder Knoblauch genannt. Die Pflanze wächst in großen Kolonien und ihre Blätter könnten leicht mit denen des giftigen Maiglöckchens verwechselt werden, wenn der starke Knoblauchduft nicht wäre. Daran erkennt man die Pflanze buchstäblich bevor man sie sieht. Wenn allerdings Mitte Mai der Bärlauch blüht, wird ihn niemand mehr verwechseln können. Die zierlichen weißen Blütendolden bedecken oft Quadratkilometerweit den Waldboden – ein Bild, das niemand vergißt, der es einmal gesehen hat.
Man kann versuchen, Bärlauch an einer im Hochsommer schattigen Stelle im eigenen Garten anzusiedeln. Dafür gräbt man im Wald ein ganzes Bodenstück mit Bärlauch aus und verpflanzt es in den Garten. Wenn man im Herbst

genügend Blätter auf die Stelle häuft, kann es gelingen, das richtige Bodenklima für den Bärlauch zu schaffen.
Hauptbestandteil des Bärlauchs ist das Bärlauchöl, das vor allem auf die Drüsen anregend wirkt. Es hemmt das Wachstum schädlicher Darmbakterien, regt alle Drüsen des Magen-Darm-Traktes und die Galle an, kurzum, es gilt als wahres Wundermittel, auch zur Blutreinigung. Durch die Stimulierung aller Drüsen wird eine Entgiftung des ganzen Körpers bewirkt, das wiederum führt zur Senkung des Blutdrucks, zur Verbesserung der Herzleistung und zur Reinigung der Luftwege. Gegen Verkalkung wirkt Bärlauch genau so gut wie echter Knoblauch.
Da man den Bärlauch nicht aufbewahren kann – er eignet sich nicht zum Trocknen – und da man diese heilkräftige und wohlschmeckende Pflanze nur etwa zwei Monate lang, von März bis Mai, findet, wird man während dieser Zeit kräftig Gebrauch von ihr machen.
Mitte März schon findet man die kleinen Blättchen, bevor noch das Gras und andere Pflanzen aus dem Boden gekommen sind. Man bekommt sehr schnell eine ganze Menge zusammen und sollte das ausnützen. Die Blätter halten sich im Gemüsefach des Kühlschrankes mehrere Tage. Wenn der Bärlauch im Mai blüht, muß man die nachgewachsenen kleinen Blättchen unter den zähen alten Blättern heraussuchen.
Bärlauch ist ein hervorragendes Würzmittel für alle Salate, man kann und sollte – je nach Geschmack – ziemlich viel davon verwenden. Kleingeschnitten belegt man Butterbrote oder gebutterten Toast mit Bärlauch – ein wahres Frühlingsessen. In Quark schmeckt er ebensogut wie an hellen Soßen – hier darf er aber nicht gekocht werden, er wird erst zum Schluß – feinst zerschnitten oder im Mörser zerstoßen – dazurührt. Einen delikaten Spinat kocht man aus Bärlauch und jungen Brennesseln. Beide Pflanzen findet man oft an derselben Stelle. Man kocht dabei zuerst die klein zerschnittenen Brennesseln in Milch und fügt den Bärlauch erst kurz bevor man das Gericht vom Herd nimmt, dazu. Die Milch verhindert, daß der Bärlauch auch am nächsten Tag noch zu riechen ist.
Bärlauchblätter, in Öl oder Essig eingelegt, ergeben eine feine Salatwürze. Es empfiehlt sich, für diesen Zweck die Bärlauchblätter im Mörser zu zerreiben und dann in die Flüssigkeit zu geben. Zerkleinert sehen sie zwar nicht so schön aus, wie die ganzen Blätter in der Flasche, aber der Geschmack ist kräftiger.
In manchen Gegenden stellt man eine Bärlauchessenz her, die tropfenweise bei Bauchschmerzen, Blähungen, Husten und von alten Leuten gegen Gedächtnisschwäche genommen wird. Dafür stampft man kleingeschnittenen Bärlauch fest in eine Literflasche und übergießt ihn mit Kornschnaps. Nach drei Wochen an einem warmen Platz filtert man den Schnaps und bewahrt die Tinktur in kleinen Fläschchen auf.

Beinwell
Symphytum officinale

Der Beinwell, auch Beinwurz, Soldatenwurz, Wallwurz und wilder Komfrey

Wildkräuter im Ausbackteig sind ein bekömmliches Essen. Man bindet zwei bis drei Triebe mit den Stengeln zusammen, taucht sie in einen dünnen Pfannkuchenteig und backt sie dann in heißem Fett schwimmend aus.

Beinwellblätter im Ausbackteig
Dazu läßt man die Stiele an den Blättern, taucht ein Blatt oder mehrere zusammen in einen dünnen Pfannkuchenteig, den man dann in schwimmendem Fett ausbäckt. Die knusprige Hülle und der weiche Inhalt bilden einen sehr angenehmen Kontrast. Man kann vom Beinwell alle Blätter verwenden, auch die schon etwas älteren.

genannt, ist eine große hübsche Pflanze, die überall dort wächst, wo der Boden feucht und nährstoffreich ist, also an Bachläufen, auf feuchten Wiesen und an Ackerrändern. Die Blüten sind dunkel- bis hellviolett, es gibt aber auch Pflanzen mit weißer Blüte. Man kann Beinwell leicht in einer Gartenecke ansiedeln.
Der Beinwell enthält hauptsächlich Allantonin, dazu Schleim und Gerbstoffe. Das macht die Pflanze vor allem für die Wundheilung zu einem sehr wirksamen Naturmedikament.
Zunächst aber zur Küche – auch da ist Beinwell nicht zu verachten. Aus den Blättern läßt sich ein feines Gemüse zubereiten, das man allerdings kräftig würzen muß. Knoblauch paßt gut dazu. Keine Angst – sobald die Blätter gekocht werden, sind sie nicht mehr pelzig. Die Sprossen des Beinwell, das sind die Triebe, an denen sich die Blätter noch nicht entfaltet haben, kocht man entweder wie Spargel oder man paniert sie mit Mehl und Semmelbröseln und bäckt sie in schwimmendem Fett aus.
Die Heilkraft des Beinwell war schon im Altertum bekannt. Damals wie heute wurde und wird er vor allem zur Behandlung von schlecht heilenden Wunden verwendet, bei Verstauchungen, aller Art Knochenerkrankungen, aber auch bei Blutergüssen und bei Rheuma. Das Allantonin, das diese heilkräftige Wirkung hat, kommt vor allem in der Wurzel der Pflanze vor. Die Wurzel aus-

zugraben, ist nicht ganz einfach, denn sie ist sehr lang. Man verwendet die Wurzel getrocknet oder frisch. Entweder zermust man sie, nachdem man sie gekocht hat, und legt den Brei heiß zwischen zwei sauberen Tüchern auf die schmerzende oder verletzte Stelle. Oder man kocht aus 200 g Wurzeln und einem halben Liter Wasser eine halbe Stunde lang einen Sud. In diesen Sud taucht man eine Mullkompresse und legt sie auf die kranke Stelle. Eine andere Möglichkeit ist, die getrocknete Wurzel mit einer Handkaffeemühle zu Mehl zu zermahlen und dieses mit Wasser zu einem heilsamen Brei zu vermischen. Dieses Mehl kann man auch als Wundpuder verwenden – dann allerdings muß gewährleistet sein, daß es sauber hergestellt und sauber aufbewahrt wurde. Für leichte Verletzungen verwendet man auch Umschläge aus zerdrückten Beinwellblättern.

Im biologischen Garten werden die Pflanzen mit einer Beinwellbrühe gedüngt. Dafür legt man einige grob zerschnittene Beinwellstauden in einen Eimer Wasser und läßt ihn zehn Tage in der Sonne stehen. Man muß die Brühe immer wieder umrühren. Die Beinwellbrühe wird mit neun Teilen Wasser verdünnt direkt an die Wurzel der Pflanzen gegossen.

Birke
Betula

Die Birke mit ihrem weißen Stamm wächst in lichten Wäldern. In Nordeuropa sind Birkenwälder charakteristisch für ganze Landschaften. Zunehmend werden Birken auch wieder als Hausbäume beliebt, vor allem, weil sie relativ schnell wachsen.

Die frischen jungen Blätter der Birke enthalten ein ätherisches Öl, Gerbstoffe und saure Saponine.

Die jungen Birkenblätter, aber nur die ganz jungen, sind ein hervorragendes Blutreinigungsmittel, das man in jedem Frühjahr zwei bis drei Wochen lang regelmäßig zu sich nehmen sollte. Man bereitet dafür einen Aufguß von einer Handvoll Blätter (vorher sauber waschen) auf einen Liter kochendes Wasser und trinkt diesen Tee den ganzen Tag über in kleinen Portionen. Dieser Birkenblättertee, der übrigens aus getrockneten Blättern fast dieselbe Wirkung hat, treibt vor allem schädliche Wasseransammlungen aus dem Körper, er hilft also auch bei Herz- und Nierenkrankheiten. Die »Entschlackung«, die mit einer solchen Entwässerung vor sich geht, ist auch hilfreich bei rheumatischen Erkrankungen und Gicht.

Junge Birkenblätter schmecken auch in einem Frühlingssalat aus verschiedenen Wildpflanzen gut – man zerschneidet sie dazu in feine Streifen.

Früher gewann man Birkensaft, indem man im zeitigen Frühjahr den Stamm anbohrte und den herausfließenden Saft mit einem Gefäß auffing. Man bereitete aus diesem Saft Birkenwein und eine Tinktur gegen Haarausfall. Jedoch werden solcherart angebohrte Bäume gerne krank, weil sich in den Bohrstellen Schadpilze einnisten.

Darum wird man heute keinen Baum mehr opfern, um Birkensaft zu gewinnen. In der Apotheke gibt es ihn nämlich zu kaufen.

Birken findet man nicht nur im Wald, sie sind auch als Hausbäume sehr beliebt.

Brennessel
Urtica dioica

Brennesseln wachsen in großen Mengen an Wegrändern, an Zäunen, als Unkraut im Garten, im Laubwald und an Bächen. Vor allem in Gärten wird die Brennessel oft mit sehr drastischen Maßnahmen ausgerottet, denn sie ist hartnäckig. Dabei lohnt es sich wirklich, einen großen Brennesselbuschen im Garten stehen zu lassen – die Pflanze ist nämlich eine hochwertige Gemüse- und Heilpflanze. Sie enthält neben dem wissenschaftlich noch nicht erforschten Nesselgift, das die bekannten brennenden Quaddeln bei Berührung der Blätter hervorruft, pflanzliche Hormone, die Vitamine A und C, Kalium, Kalzium, Eisen, Schwefel, Natrium und Kieselsäure. Für Gemüse und Tee pflückt man – mit Handschuhen versteht sich – die jungen Triebe, wenn sie etwa 20 cm hoch sind. So schmecken sie am besten. Es wird oft behauptet, daß sie dann noch nicht brennen. Wer es selbst versucht, wird aber schnell eines besseren belehrt. Man findet die ersten jungen Brennesseln schon Mitte März bis Anfang April. Doch können sie auch später

Mitte März bis Anfang April treiben die Brennnesseln aus. Die jungen Triebe schmecken am zartesten.

immer wieder geerntet werden. Wenn die Brennesseln nämlich abgeschnitten oder abgemäht worden sind, wachsen die jungen Triebe schnell wieder nach. Wer also einen Brennesselbuschen in einer Gartenecke hat, kann ständig Nachschub holen.

Brennesseln als Gemüse bereitet man am besten genau so zu, wie Spinat, sie schmecken auch ganz ähnlich. Eine andere Möglichkeit ist, feingehackte junge Brennesseln in dünne Pfannkuchen einzubacken. Diese Brennesselpfannkuchen kann man auch in feine Streifen schneiden und an eine Fleischbrühe geben. Für Brennesselsuppe gibt es viele Zubereitungsarten - in Fleisch- oder Hühnerbrühe oder in einer hellen oder gebrannten Mehlsuppe. Sehr gut kann man Brennesseln auch mit gleichzeitig geernteten anderen Kräutern, etwa Sauerampfer, in eine Suppe geben.

Junge Brennesselblätter schmecken auch in jungem Wildkräutersalat. Wenn die zerschnittenen Blättchen mit der Marinade vermischt werden, brennen sie nicht mehr. Ausgezeichnet schmecken Brennesseln zu Gartensalaten, speziell zu Gurkensalat.

Im Frühling macht man mit Brennesseln eine billige und wohlschmeckende Blutreinigungskur. Man überbrüht eine starke Handvoll junger Brennesseltriebe mit einem halben Liter Wasser und läßt den Aufguß 5 Minuten ziehen. Dann werden die Pflanzen herausgenommen. Diesen Tee trinkt man über den ganzen Tag verteilt. Er schmeckt sehr gut, auch dann noch, wenn er sich nach einigen Stunden dunkel gefärbt hat. Die Wirkung ist entwässernd und entschlackend. Nach einer solchen Frühjahrskur, die man allerdings nicht länger als vier Wochen lang machen sollte, fühlt man sich deutlich besser. Dasselbe kann man im Spätsommer wiederholen, wenn auf den abgemähten Wiesen massenhaft junge Brennesseln nachgewachsen sind. Es ist auch möglich, diese Kur mit getrockneten Brennnesseln durchzuführen, allerdings schmeckt der Tee nicht so aromatisch, wie der aus frischen Blättern. Die Volksmedizin behauptet, daß man Rheuma, Hexenschuß und sogar Gicht lindern kann, wenn man die betroffenen Stellen mit frischen Brennesselzweigen »brennt«. Das ist allerdings nicht jedermanns Sache und empfindliche Personen können unter Umständen allergisch reagieren.

Brennesseltinktur
Gegen Schuppen und Haarausfall bereitet man aus den Wurzeln der Brennessel eine wirksame Tinktur. Dazu werden 250 Gramm frische Brennesselwurzeln in einem Liter Wasser und einem halben Liter Essig eine halbe Stunde lang gekocht. Damit reibt man die Kopfhaut ein- bis zweimal in der Woche gründlich ein.

Haustieren, die einem Fellwechsel unterliegen, kann man im Frühjahr und Herbst getrocknete und mit warmem Wasser überbrühte Brennesseln ins Futter geben. Das neue Fell wird dann besonders dicht und glänzend.
Pflanzen im Garten und im Zimmer düngt man mit einer Brennesselbrühe. Dafür setzt man einen Eimer voller Brennesseln – es können ausgewachsene blühende Pflanzen sein – mit kaltem Waser an und läßt die Brühe 10 Tage lang in der Sonne stehen. Es muß immer wieder umgerührt werden. Diese Brennesselbrühe mischt man im Verhältnis 1:10 mit Wasser und gießt die Pflanzen damit. Gegen Blattläuse und anderes Pflanzenungeziefer hilft Absprühen mit frischer Brennesselbrühe, die nicht länger als 24 Stunden lang angesetzt ist.

Brombeere
Rubus fruticosus

Brombeersträucher wachsen, ja wuchern, in ganz Deutschland an Waldrändern, in Rodungen, auf Brachland, an Wegrändern und Wasserläufen. Brombeersammeln ist eine etwas schmerzliche Angelegenheit, weil die Sträucher sehr starke und spitze Dornen haben, desungeachtet lohnt es sich aber doch, mit fester Kleidung und zusammengebissenen Zähnen die schwarzen Beeren zu pflücken. Sie enthalten viele Vitamine und sind sehr aromatisch – viel aromatischer als die im Handel angebotenen und in Gärten angepflanzten dornenlosen Brombeeren.
Die Blätter der Brombeere enthalten Gerbstoff, organische Säuren, Pektin und Inosit. Die Beeren enthalten Vitamin C, A und B.
Brombeeren werden in warmen Gegenden ab September reif, in höheren Lagen und in ungünstigen Jahren allerdings oft gar nicht. Man sollte nur die schwarzen Beeren sammeln, die roten sind unreif und sauer. Lediglich in kleinen Mengen fügt man die unreifen, roten Brombeeren Marmeladen zu, die schlecht gelieren, denn sie enthalten viel Pektin.
Aus reifen Brombeeren bereitet man Marmelade und Gelee.
Wenn man sehr viele Brombeeren sammeln kann, lohnt es sich, Brombeerwein (Seite 27) und Brombeerlikör

(Seite 25) zuzubereiten, der süß und doch herb schmeckt. Zu Wild und gekochtem Rindfleisch schmeckt eine Brombeersoße pikant. Wer sehr viele überreife Brombeeren gesammelt hat, sollte einmal eine Brombeer-Nachspeise ausprobieren.
Brombeerblätter erntet man ab Juli, und zwar die zweiten jungen Triebe. Man trocknet die Blätter oder fermentiert sie. Der Tee ist hilfreich bei allen entzündlichen Erkrankungen des Magen-Darm-Traktes, bei Durchfall und Hämorrhoidialblutungen. Bei Halsschmerzen und Zahnfleischentzündungen benützt man Brombeertee als Gurgelmittel. Zusammen mit Himbeer- und Erdbeerblättern (nur Walderdbeerblättern) ist er ein guter Haustee für alle Tage.

Brombeermarmelade
Für Marmelade mischt man 1 kg Beeren mit derselben Menge Zucker und läßt sie über Nacht stehen. Am nächsten Tag werden die Beeren leicht zerdrückt und bei starker Hitze schnell aufgekocht. Bei heruntergeschalteter Hitze köchelt man noch 10 Minuten weiter, dann wird die Marmelade vom Herd genommen und 10 Minuten lang gerührt.

Brombeergelee mit Apfel- oder Birnensaft
Man bereitet 1 Liter Brombeersaft und 0,5 Liter Saft von Birnen oder Äpfeln (es muß frischer Saft sein, kein sterilisierter). Der gemischte Saft wird mit 3 Pfund Zucker und etwas Zitronenschale bis zur Gelierprobe gekocht. Das Gelee wird in Gläser gefüllt und nach dem Abkühlen zugebunden.
Dieses Gelee schmeckt sehr gut zu Eis.

Schwarzer Eisbecher
Pro Portion wird eine Kugel Nußeis in eine Eisschale gegeben. Zwei Eßlöffel Brombeergelee werden mit 1 Teelöffel Schlehenlikör (den man natürlich auch selbst hergestellt hat) vermischt und diese Mischung über das Eis gegeben. Mit einer Sahnehaube und einigen frischen Brombeeren verziert man den Schwarzen Eisbecher.

Brombeersoße
Dafür streicht man 250 g Brombeeren durch ein Sieb und verkocht das Mus mit 40 g Zucker, einem halben Glas Rotwein, 1 Schnapsglas Weinbrand, 1 TL scharfen Senf und je einer Prise Nelken- und Zimtpulver zu einer dicklichen Soße. Wem es schmeckt, kann dieser Soße noch feingeriebene Mandeln zufügen.

Nachspeise aus Brombeeren
Die Brombeeren werden mit einem Entsafter zu Saft verarbeitet oder zerquetscht und durch ein Mulltuch gepreßt. Diesen dicken Saft stellt man nun, ohne ihn zu schütteln und zu rühren – das ist wichtig – einige Stunden in einen warmen Raum. Hier wird er fest und bildet mit einem Häubchen aus süßer Schlagsahne eine besonders vitaminreiche Nachspeise.

Brunnenkresse
Nasturtium officinale

Die Brunnenkresse ist bei uns recht rar geworden. Sie braucht nämlich frisches, sauberes Wasser zum Gedeihen, und wo findet man das noch? An sauberen Quellen, Bächen, kleinen Flüssen und auch an ländlichen Brunnen kann man das grüne, scharf riechende und schmeckende Kraut das ganze Jahr über finden, an offenem Wasser sogar im Winter.
Brunnenkresse im Garten anzusiedeln, ist kein Problem. Man pflanzt einige am Bach ausgegrabene Pflanzen in eine große Plastikschüssel ohne Löcher und gräbt diese Schüssel neben dem Regenwasserfaß ein. So wird die Pflanze immer naß gehalten – in trockenen Sommern, wenn die Regentonne nicht immer voll ist und überläuft, muß man allerdings gründlich gießen. Übrigens: Man kann den Samen von Brunnenkresse auch kaufen.
Brunnenkresse enthält die Vitamine C, A und D, Jod, Kaliumnitrat und Senföl.
Brunnenkresse muß immer besonders sorgsam gereinigt werden. Von stehenden Gewässern sollte man sie möglichst gar nicht pflücken, da sich hier zu gerne die Larven von Leberegeln in der Pflanze festsetzen.
Man verwendet die ganze Pflanze, die älteren Zweige und Blätter schmecken sogar noch besser als die ganz jungen. Brunnenkresse schmeckt zu allen Salaten ausgezeichnet. Man kann auch einen Salat nur aus Brunnenkresse zubereiten, die Schärfe wird gemildert, wenn man Orangenschnitze und gemahlene Haselnüsse untermischt und die Salatsoße mit Sahne anstatt mit Öl zubereitet. Kräuterbutter mit Brunnen-

Grüne Soße
Je 2 Eßlöffel gehackter Löwenzahn, Sauerampfer und Brunnenkresse werden mit dem Gelben von zwei hartgekochten Eiern gut zusammengerührt. 3 Eßlöffel Quark werden mit Öl vermischt, bis er richtig sämig ist. Nun wird die Eier-Kräuter-Mischung mit dem Quark verrührt und ganz nach Geschmack mit Salz, Pfeffer, etwas Senf, Essig und Majoran gewürzt.

kresse schmeckt gut zu Fisch. Überhaupt ist Brunnenkresse eine wohlschmeckende Zutat zu Quarkspeisen und feinen Kräutersoßen.
Durch den hohen Vitamingehalt hilft die Brunnenkresse im Frühjahr sehr gut gegen die bekannten Mangelerscheinungen: Müdigkeit, Anfälligkeit gegen Erkältungskrankheiten, Hautunreinheiten. Man trinkt dagegen am besten frischen Saft von Brunnenkresse, den man mit etwas Wasser oder Buttermilch vermischt. Drei Eßlöffel täglich davon genügen völlig. Früher wurde Brunnenkresse in dieser Form als Mittel gegen Skorbut genommen, Skorbut war ja auch nichts anderes, als Vitaminmangel.
Eine reine und klare Haut bekommt man, wenn man den frischen Saft der Brunnenkresse als Gesichtstonikum verwendet.
Das in der Brunnenkresse enthaltene Senföl hilft auch, bei hartnäckigem Husten den Schleim zu lösen und regt die Drüsenfunktion an. Allerdings kann Brunnenkresse, wenn man zuviel davon ißt, die Magenschleimhaut reizen. Schwangeren wird vom Genuß der Brunnenkresse überhaupt abgeraten.

Dost
Origanum vulgare

Dieses Kraut hat viele Namen: Wilder Majoran, Oregano, Schusterkraut, Badkraut, Staudenmajoran und Wohlgemut. Man findet den Dost, eine hübsche, etwa 60 bis 70 cm hohe Pflanze mit kräftigen rosa Blütendolden, überall an sonnigen, warmen Standorten. Er blüht von Juli bis September und wird dann auch geerntet, und zwar die ganze Pflanze, Stengel, Blätter und Blüten.

Dost enthält ganz ähnliche Inhaltsstoffe wie der Feld-Thymian, hat aber ein ganz anderes Aroma. Das ätherische Öl des Dost enthält einen hohen Anteil von Thymol und Carvacol, außerdem Gerbstoffe. Diese Inhaltsstoffe bewirken, daß mit Dost gewürzte Speisen besser verdaulich sind. Dost wird als Würzkraut vor allem für südländische Gerichte, Pizzas, Tomatensoßen, Risottos und ähnliches verwendet und schmeckt zu allen Nudel- und Reisgerichten. Schwarze Oliven, die man in reichlich mit Dost angereichteres Öl einlegt, schmecken zu Wein delikat. Verwendet man den Dost frisch zum Würzen, streift man Blätter und Blüten vom Stengel und gibt

sie den Gerichten bei. Zu Fleischgerichten zerschneidet man einen Stengel mit Blättern und Blüten in Stücke und legt sie nach dem Anbraten dazu, so läßt sich das Gewürz vor dem Anrichten leicht wieder entfernen.
Getrockneten Dost bewahrt man als Trockenstrauß auf und streift ihn bei Bedarf von den Stengeln ab.
In der medizinischen Anwendung wirkt der Dost vor allem krampflösend, schleimlösend und magenstärkend. Er hat sogar bei Keuchhusten – als Tee eingenommen – eine beruhigende Wirkung. Auch bei Magen- und Darmstörungen, krampfartigen Leibschmerzen und Appetitmangel hilft es, mehrmals am Tag eine Tasse Tee aus Dost zu trinken.
Hilfreich bei Zahnschmerzen, Ohrenschmerzen und Bauchschmerzen oder steifem Hals sind Kräuterkissen, die mit Dost oder einer Mischung aus Dost und Heublumen gefüllt sind. Man erwärmt das Kissen trocken auf einer warmen Herdplatte oder läßt es über Dampf in einem Sieb feuchtwarm werden und legt es dann auf die schmerzende Stelle, die danach mit einem Wolltuch bedeckt wird. Ein feuchtwarmes Kissen kann nur zwei bis dreimal benutzt werden, ein trocken erwärmtes Kissen öfter.
In der Apotheke kann man Dostöl kaufen (es heißt in manchen Gegenden auch Berghopfenöl). Es wirkt bei starken Zahnschmerzen, wenn man es mit Watte auf den erkrankten Zahn träufelt.

Eberesche
Sorbus aucuparia und *Sorbus domestica*

Vogelbeeren nennt man im Volksmund die leuchtend roten Früchte der Eberesche, die man in allen Regionen findet, vor allem in trockenen lichten Wäldern, an Waldrändern und manchmal auch als große Einzelbäume auf Wiesen im Mittelgebirge. Die Eberesche wird von alters her auch als Alleebaum und im Garten angepflanzt. Früher wurden die Vogelbeeren von den Bäuerinnen regelmäßig als Marmelade eingekocht, dann kam die Meinung auf, die Früchte der Eberesche seien giftig. Das hängt wohl damit zusammen, daß die rohen Früchte starken Durchfall verursachen. Sobald die Vogelbeeren aber gekocht werden, wird die Durchfall verursachende Parasorbinsäure vernichtet und die Beeren sind nicht nur genießbar, sondern auch schmackhaft und vor allem von hoher Heilkraft.
Vogelbeeren enthalten nämlich in erster Linie sehr viel Vitamin C, außerdem Sorbit, Sorbinsäuren, Zitronensäure, Äpfelsäure und Zucker.
Das Sorbit bewirkt einen starken Schutz der Leber, weil es schnell zu Fruchtzukker umgewandelt wird, der wiederum besonders leicht von der Leber aufgenommen wird. Auch dadurch, daß die Galle kräftig angeregt wird, entlastet das Sorbit die Leber. Zuckerkranke und Leute mit Leberschäden tun sich also Gutes an, wenn sie Marmelade oder Saft aus Ebereschen zu sich nehmen – ungezuckert natürlich.
Die Vogelbeeren werden schon im Sommer rot, sollten aber erst im Oktober

geerntet werden, denn erst dann sind sie richtig reif. Die Vögel kommen den Menschen nicht zuvor, sie fressen die Beeren der Eberesche meist erst, wenn sich nichts anderes mehr findet – also im Winter.

Wer Vogelbeeren von größeren Bäumen erntet, muß aufpassen: Die Äste und Zweige sind nicht sehr stabil, sie brechen leicht ab. Man sollte also lieber eine Leiter verwenden.

Die Fruchtstände der Eberesche werden in ganzen Dolden von den Zweigen geschnitten und die Beeren erst zuhause von den Stielen gelöst. Sie schmekken etwas bitter, das macht aber Marmeladen und Gelees recht pikant.

Vogelbeermarmelade kann man löffelweise gegen Frühjahrsmüdigkeit und als Vorbeugung gegen Erkältungen essen. Die Beeren werden für Marmelade lediglich etwas zerdrückt und mit derselben Menge Zucker und einem Viertel der Menge Äpfel unter ständigem Rühren zu Marmelade gekocht.

Wenn man frischen Saft aus Vogelbeeren preßt, muß er vor dem Genuß kurz erhitzt werden.

Bereitet man Ebereschenwein zu, so mischt man zweckmäßigerweise Vogelbeeren und Hagebutten zu gleichen Teilen. Die Weinbereitung ist auf den Seiten 27 und 28 beschrieben.

Getrocknete Vogelbeeren wirken gegen Durchfall. Durch das Trocknen wird der Beere die stark abführende Parasorbinsäure entzogen, Gerbstoff und Pektin wirken nun durchfallhemmend. Am besten ißt man täglich zehn bis zwanzig getrocknete Beeren. Wer das nicht mag, kocht die getrockneten Beeren zu einem Tee und süßt diesen mit Honig.

Vogelbeerkompott

Vogelbeerkompott mildert man mit gleichen Teilen Äpfeln oder Birnen. Die Beeren werden gewaschen, die Äpfel und Birnen geschält, vom Kernhaus befreit und in schmale Spalten geschnitten. Alle Früchte werden nun zusammen in einen Topf gegeben und mit soviel Wasser, daß sie gerade bedeckt sind, bei mittlerer Hitze nicht zu weich gekocht. Das Kompott wird mit 300 g Zucker pro kg Früchte, sowie etwas Zimt und Nelken gewürzt, nach dem Abkühlen gibt man ein Glas Birnenschnaps dazu.

Vogelbeergelee

Will man aus den Beeren der Eberesche Gelee bereiten, muß man sie zuerst zu Saft verarbeiten. Das geschieht entweder durch Dampfentsaften oder indem man die Früchte in etwas Wasser weichkocht und sie dann durch ein Tuch ablaufen läßt. Auf 1 kg Saft braucht man 1 kg Zucker. Beides wird solange erhitzt, bis die Gelierprobe gelingt. Sind die Vogelbeeren schon sehr reif, gibt man etwas frisch gepreßten Apfelsaft oder eine Handvoll rote, also unreife Brombeeren dazu, das erleichtert das Gelieren.

Sirup von Vogelbeeren

Verarbeitet man Vogelbeeren zu Sirup, so muß man sie vorher etwas zerquetschen. Das geht am besten mit dem Kartoffelstampfer. Bei mittlerer Hitze läßt man 1 kg Vogelbeeren mit 1 Liter Wasser 30 Minuten kochen und läßt dann den Saft durch ein Mulltuch ablaufen. Pro Liter Saft wird nun 500 g Zucker dazugegeben und wiederum langsam zum Kochen gebracht. Der Sirup ist fertig, wenn sich am Kochlöffel ein Sirupfaden bildet. Der Sirup wird heiß in saubere Flaschen gefüllt und sofort verschlossen.

Gänseblümchen
Bellis perennis

Das bescheidene Gänseblümchen hat viele Namen: Maßliebchen, Tausendschönchen, Marienkaut und Gichtkraut sind nur einige. Es wächst und blüht nahezu das ganze Jahr über. Selbst im Winter, kaum daß der Schnee weggetaut ist, kommen die kleinen weißen Blüten zum Vorschein. Und es wächst und blüht überall. Das Gänseblümchen galt früher als eine Art Allheilkraut, das bei Husten, Brustleiden, Wassersucht, Verstopfung, Hautkrankheiten, Ausbleiben der Periode, Wunden und als Blutreinigungsmittel angewendet wurde. Die heutige Wissenschaft hat das Gänseblümchen als Heilpflanze noch kaum erforscht. Man weiß wohl, daß es Gerbstoffe, Inulin, organische Säuren und Saponin enthält, aber das reicht nicht aus, um diese vielseitigen Anwendungen zu rechtfertigen. Andererseits hat sich bis jetzt noch immer gezeigt, daß unsere Vorfahren sehr wohl wußten, was sie taten, wenn sie ein Kraut gegen eine Krankheit gezielt einsetzten; dort stand Erfahrung anstelle von Forschung.

Gänseblümchenblätter und -blüten verwendet man das ganze Jahr über in großen Mengen in Wildpflanzensalaten. Sie schmecken gut und sehen dazu noch hübsch aus. Auch in Suppen aus Wildpflanzen, in Gemüse und frisch gebrühte Frühlingstees, etwa aus Brennesseln oder Birkenblättern, sollte man Gänseblümchenblätter mischen. Wie Ackersalat bereitet man Gänseblümchensalat zu, sehr gut schmeckt mit kleingeschnittenem, ausgelassenem Speck.

Das Trocknen von Blüten und Blättern lohnt sich nicht, weil man die Pflanze fast das ganze Jahr über frisch ernten kann.

Kapern kann man aus den Knospen von Gänseblümchen zubereiten.

Gänseblümchenknospen
Die Knospen der Gänseblümchen bereitet man wie Kapern zu. Man legt sie in gut gesalzenen Essig, bis sie ganz bedeckt sind, bindet die kleinen Gläser zu und bewahrt sie kühl und dunkel auf.

Giersch
Aegopodium podagraria

Giersch kann einen Gartenbesitzer zur Verzweiflung treiben. Je mehr man die brüchigen Wurzeln ausgräbt, umso freudiger und dichter wächst das Unkraut nach. Dabei ist der Giersch eine sehr wohlschmeckende und heilkräftige Pflanze, die man getrost stehen lassen und als Gemüse in der Küche verwenden kann. Außer in Gärten wächst der Giersch, auch Geißfuß, Podagrakraut und Zipperleinskraut genannt, hauptsächlich in Laubwäldern, in Gebüschen und Hecken. Die Pflanze enthält ätherisches Öl und Kaffeesäure.
Wenn man die grünen jungen Blätter vor der Blüte, also ab April, erntet, kann man daraus einen ausgezeichnet schmeckenden Spinat zubereiten.
Feingeschnittene Gierschblätter passen ausgezeichnet zu allen Kartoffelgerichten, etwa unter Bechamelkartoffeln oder in Kartoffelbrei. Auch an alle Wildkräuter- und Gartensalate kann man feingeschnittene Gierschblätter geben. Wenn sie noch sehr jung sind, darf es ein kräftiger Anteil sein, sind die Gierschblätter schon ziemlich groß, nimmt man sie anstelle von Petersilie zum Würzen von Salaten. Im Garten kann man das »Unkraut« ständig ernten, denn es wächst in kürzester Zeit wieder nach.
Als Heilpflanze wird der Giersch schon seit dem Mittelalter verwendet. Vor allem hilft er gegen Rheuma, Gicht und

Die Gundelrebe ist an ihren Blüten und an dem aromatischen Duft ihrer Blätter gut zu erkennen.

Arthritis (daher auch seine volkstümlichen Namen). Man trinkt zwei bis dreimal täglich eine Tasse Tee. Dafür nimmt man zwei Eßlöffel frisches Kraut pro Tasse, übergießt es mit kochendem Wasser und läßt den Tee etwa fünf Minuten ziehen. Wird man von einer Biene oder einem anderen Insekt gestochen, lindert und verkürzt es den Schmerz, wenn man schnell zerquetschte Gierschblätter auf den Stich legt.

Gierschgemüse
Dafür entfernt man die Stiele und blanchiert die Blätter etwa 1 Minute lang. Abgesiebt werden die Gierschblätter ganz fein gehackt oder im Mixer püriert. Zwei Scheiben Weißbrot werden mit heißer Milch übergossen und fein zerdrückt an das Gierschgemüse gegeben. Man kann dieses Gemüse mit Rühreiern essen, aber auch in dünne Pfannkuchen oder Maultaschen füllen. Dann gibt man etwas weniger Brot dazu.

Gundelrebe
Glechoma hederacea

Man findet die aromatische Gundelrebe häufiger in der Ebene als im Gebirge. Sie wächst auf Wiesen, Äckern, an Zäunen und auf Baumstümpfen, sogar an sonnigen Mauern. Ende März bis Ende Juni trägt die Gundelrebe, die man im Volksmund auch Gundermann, Egelkraut, Soldatenpetersilie und Katzenminze nennt, kleine blaue Blüten. Die Pflanze ist nicht zu verwechseln, man erkennt sie sofort an dem aromatischen Duft, den die runden Blätter ausströmen, wenn man sie zwischen den Fingern zerreibt.

Die Gundelrebe enthält vor allem Gerb- und Bitterstoffe und viel salpetersaures Kali. Für Menschen ist sie heilkräftig, für Pferde aber zum Beispiel giftig.
Für die Wildkräuterküche sucht man die jungen Blättchen vor der Blüte, also im zeitigen Frühjahr. Ganz junge Gundelrebenblättchen eignen sich hervorragend für Kräuterquark, für Frühlingssuppen, Kräuteromeletts. Sie schmekken aber auch als Würzkraut sehr gut zu Kartoffelsalat, Kartoffelsuppe, Kartoffelklößen – überhaupt zu allen Kartoffelgerichten. Zu Wildkräutersalaten sollte man sie sparsam verwenden, sie schmeckt sonst zu stark vor.
Als Naturheilmittel verwendet man die Gundelrebe während der Blütezeit. Ein Tee aus Blättern und Blüten wirkt schleimlösend und anregend auf die Luftwege, auf die Leber und den Magen-Darm-Trakt. Den Tee (1 Teelöffel Blüten und Blätter auf eine Tasse Wasser) trinkt man bei Bronchitis, bei Magenschleimhautentzündung, bei Leber- und Niereninsuffizienz. Auch bei Menstruationsstörungen sollte man drei oder vier Tage lang zwei Tassen Gundermanntee täglich trinken.
Als Vorrat für den Winter trocknet man die Pflanze mitsamt den Blüten, die Wärme darf dabei aber nicht zu stark sein, sonst verliert sich die Heilwirkung.
Äußerlich verwendet man die Gundelrebe bei schlecht heilenden Wunden, Zahnschmerzen und Gicht. Dafür kocht man 10 g Blätter auf einen halben Liter Wasser und macht damit Umschläge. Bei Ausschlägen, Ekzemen und auch bei Gicht verwendet man diese Abkochung auch als Badezusatz.

Heckenrose und Hagebutte
Rosa canina

Hagebutten sind die reifen roten Früchte der wilden Heckenrose, auch Hundsrose genannt. Diese Rosensträucher mit den zartrosa Blüten wachsen in Feldhecken und Gebüschen. An Waldrändern und Böschungen und mit gutem Grund auch heute noch in vielen Bauerngärten. Wer im Garten genügend Platz hat, sollte überlegen, ob er nicht an einem Zaun einen Heckenrosen-

strauch pflanzen kann. So hat er den köstlichen Vitaminspender direkt im Garten – und schön ist der Strauch obendrein!
Es gibt wohl kaum eine Wildfrucht, die so vielseitig verwendbar ist und dazu noch so gesund und wohlschmeckend, wie die Hagebutte. Ihr Gehalt an Vitamin C ist zwanzigmal höher als der von Zitrusfrüchten. Außerdem enthält die Frucht Karotin und die Vitamine E, K, A und B. Der Gehalt an Fruchtzucker ist hoch, ebenso der Mineralstoffgehalt; die Frucht ist reich an Eisen, Magnesium, Natrium, Phosphor und Schwefel, an Pflanzensäuren und an Pektin. Die Hagebutte ist, wie man sieht, eine kleine Naturapotheke.
Die Heckenrose blüht im Mai, dann kann man die Blüten ernten und sie zu Rosennektar verarbeiten, einer Süßspeise, wie sie vor allem im Orient beliebt ist.
Man kann die Rosenblüten auch kandieren und als Verzierungen für Torten oder als Konfekt verwenden (Seite 20).

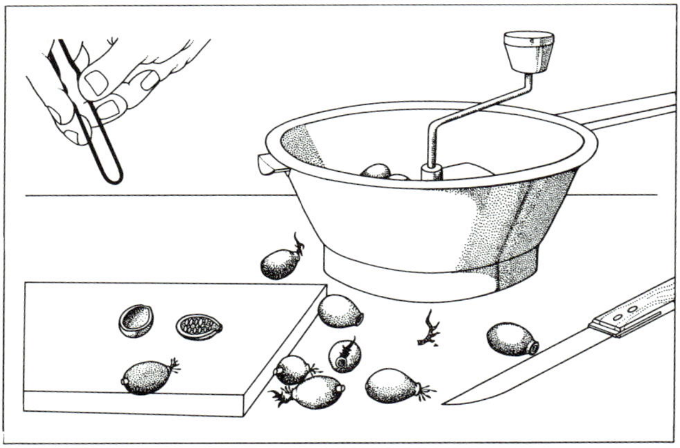

Hagebutten müssen für die meisten Gerichte entkernt werden. Das geht am besten mit dem Ende einer Haarnadel. Um Mus und Saft zu machen, treibt man die entkernten Früchte durch ein Passevit.

Rosennektar
Man rührt dazu eine Tasse Blütenblätter in eine erwärmte Mischung aus zwei Tassen Zucker, einer halben Tasse Wasser mit je einem Eßlöffel Zitronen- und Orangensaft. Die Blütenblätter schmelzen in dem erwärmten Zucker, wenn man eine Zeitlang umrührt.

Rosenlikör
Dazu braucht man auf einen halben Liter Korn vier Tassen Rosenblätter. Beides zusammen läßt man in einem fest verschlossenen Glas vier Wochen lang ziehen. Aus einem halben Liter süßem Weißwein, 250 g Zucker und einer Vanillestange kocht man einen Sirup, läßt ihn erkalten und vermischt ihn mit dem gefilterten Rosenauszug.

Früher bereitete man im Mai aus den Blüten der Heckenrose (es können auch Garten-Rosen verwendet werden) eine romantische Rosen-Bowle. Wer einmal etwas Besonderes anbieten möchte, kann einen Rosen-Likör ansetzen.
Handfester und gesünder als die Blüten sind allerdings die Früchte der Heckenrose, die Hagebutten. Man erntet sie von Mitte September bis Mitte November. Sie müssen richtig reif sein, das heißt, schon ein ganz kleines bißchen weich. Rot werden die Hagebutten schon früher, aber solange sie noch hart sind, sollte man sie nicht verwenden, sie sind unreif. Es schadet gar nichts, wenn der Frost schon einmal über die Hagebutten gegangen ist.
Hagebutten kann man unbedenklich in großen Mengen vom Strauch pflücken, die Singvögel fressen sie erst, wenn sie gar nichts anderes mehr finden, und dann nicht einmal sehr gerne. Vermut-

lich sind sogar ihnen die haarigen Kerne im Innern der Frucht zu hart. Diese zu entfernen, ist allerdings für fast alle Zubereitungsarten der Hagebutte unumgänglich – und kein Vergnügen. Am besten klappt es immer noch mit dem gebogenen Ende einer Haarnadel. Die Entkernung kann man bei manchen Zubereitungen umgehen, indem man die Hagebutten weichkocht und durch ein Sieb streicht. So bleiben die Schalen und Kerne zurück. Sie werden getrocknet und als Tee verwendet.
Eines der beliebtesten und zugleich gesündesten Produkte aus Hagebutten ist das Hagebuttenmus. Man nennt es in manchen Gegenden auch Hägenmark. Dieses Mus ist leicht herzustellen.
Unsere Großeltern sagten schon: »Täglich Hagebuttenmus und die Erkältung kommt erst gar nicht ins Haus«. Wer täglich einen Eßlöffel davon zu sich nimmt, beugt tatsächlich wirksam Erkältungskrankheiten vor. Wenn man allerdings die Grippe schon erwischt hat, kann man getrost die fünffache Menge zu sich nehmen.
Besonders vitaminschonend ist die Zubereitung von Hagebuttenmus nach einem Rezept aus dem 18. Jahrhundert. Dafür werden die ausgekernten Hagebutten in einem Steintopf fest zusammengedrückt und mit etwas Wasser bedeckt. Wenn die Hagebutten weich sind, streicht man sie durch ein Sieb und vermischt die Masse mit derselben Menge Zucker. Das Mus darf dabei nur erwärmt werden, es darf auf keinen Fall kochen. Allerdings ist das Mus bei dieser Zubereitung nicht so lange haltbar, wie bei der Zubereitung durch Kochen. Man bewahrt es im Kühlschrank auf.

Hägenmark
Man kocht die Hagebutten in etwas Wasser weich und treibt sie dann durch eine Fruchtpresse oder drückt sie durch ein stabiles Sieb. Kerne und Schalen bleiben zurück. Nun wird das durchgedrückte Mus gewogen und pro Kilo Mus 1 kg Zucker zugefügt. Nun wird eine Stunde lang gerührt – der Topf bleibt dabei auf der warmen Herdplatte oder auf der Elektroplatte, die auf die kleinste Stufe geschaltet ist. Abgefüllt in Schraubgläser hält das Hagebuttenmus sehr lange.

Kandierte Hagebutten
Man wäscht 500 g Hagebutten gründlich, halbiert und entkernt sie und wäscht sie dann nochmals, damit auch bestimmt alle Härchen aus der Frucht entfernt sind. Aus 4 Eßlöffeln Zucker und 6 Eßlöffeln Wasser kocht man eine Glasur. Die abgetrockneten Hagebuttenhälften werden nach und nach in diese Glasur getaucht, gleich wieder herausgenommen und zum Trocknen auf eine Platte nebeneinander gelegt.

Hagebuttenkonfekt
Gesundes Konfekt bereitet man aus Hagebuttenmus zu.Dafür vermischt man 8 Eßlöffel Mus mit 6 Eßlöffeln feinen Haferflocken und 6 Eßlöffeln geriebenen Nüssen. Aus der Masse formt man kleine Kugeln, läßt sie über Nacht stehen und wälzt sie dann in Zucker.

Hagebuttenmarmelade schmeckt fein, wenn man sie mit Kirschwasser, Rum oder Wein verfeinert. Hagebuttensirup mit Orangeat, Zitronat und einem Schuß Orangenlikör schmeckt zu Wild, Grießbrei und Pudding. Mit selbstgemachte Hagebuttenwein und Hagebuttenlikör kann jede Hausfrau Ehre einlegen (Seiten 25 und 28). Kandierte Hagebutten sind eine ungewöhnliche Leckerei für die Adventszeit.
Der Tee aus Hagebutten ist vor allem harntreibend, er hilft bei Nierenerkrankungen und bei Neigung zu Steinbildung. Der Tee wird aus Schalen und Kernen zubereitet. Verwendet man nicht die Rückstände von Mus- oder Marmeladenbereitung, dann zerschneidet man die Hagebutten in vier Teile, trennt Schalen und Kerne und trocknet sie eine Woche lang an einem schattigen Platz. Schalen und Kerne sollten in einer Lage, also nicht übereinander liegen. Damit sie auch wirklich trocken sind, muß man Hagebutten bei 30 °C im Backofen nachtrocknen. Dabei heißt es aufpassen: Wenn die Temperatur zu hoch ist, werden die Schalen schwarz, geschmacklos und wertlos. Man kann unbedenklich größere Mengen Hagebuttentee über lange Zeit hinweg trinken, ohne die Nieren zu schädigen.

Haselnuß
Corylus avellana

Den Haselnußstrauch findet man in ganz Deutschland in Wäldern, Gebüschen und Feldhecken. Er wird bis zu fünf Meter hoch und im Frühjahr blühen an seinen Zweigen die bekannten gelben »Würstchen«. Die Haselnuß ist ein sehr wertvolles Nahrungsmittel, sie enthält 50 Prozent mehr Protein, siebenmal mehr Fett und fünfmal mehr Kohlehydrate als Hühnereier. Wenn es also in alten Geschichten heißt, daß unsere Vorfahren, als sie noch in Höhlen lebten, sich von Beeren und Nüssen ernährten, dann darf man das getrost glauben.
Die wildwachsenden Haselnüsse sind kleiner, als die, die man kaufen kann oder im Garten kultiviert sind. Dafür schmecken sie aber auch zarter und süßer. Sie halten aber nicht den ganzen Winter über. Wer einen Korb voller Haselnüsse gesammelt hat, der trocknet sie auf dem luftigen Speicher oder auf einer Hurde nach, und verwendet sie bis Weihnachten – was ja kein Problem ist. Haselnüsse gehören nun einmal zum Weihnachtsgebäck.
Bei der Ernte der Haselnüsse im September muß man Glück haben, denn Vögel und Eichhörnchen sind dem Menschen immer voraus. Wenn man einen Strauch mit Nüssen – reifen Nüssen wohlgemerkt – entdeckt hat, breitet man ein Tuch darunter aus und schüttelt die Zweige. Grüne Früchte, die man mit Gewalt abreißen muß, sind noch nicht genießbar.
Nußplätzchen und Kuchen sind hinreichend bekannt, aber das ist allerdings nicht alles, was man aus Haselnüssen zubereiten kann. Haselnußmarmelade zum Beispiel bringt Abwechslung auf den Frühstückstisch. Haselnußlikör ist sehr süß, schmeckt aber besonders fein. Die Zubereitung weicht von der üblichen Likörherstellung ab und ist auf der folgenden Seite beschrieben.

Haselnußmarmelade
Dafür werden 400 g Honig mit 1 dl Wasser erwärmt und gut vermischt. Dann fügt man 250 g fein gemahlene Haselnüsse und 50 g geriebene Bitterschokolade dazu, verrührt alles gründlich und füllt die Marmelade in Gläser mit Schraubdeckeln. Sie eignet sich nicht nur als Brotaufstrich, sondern auch als Keksfüllung.

Gebrannte Haselnüsse
Die Nüsse werden aus der Schale genommen und im Backofen erhitzt, aber auf keinen Fall gebräunt. Auf 500 g Nüsse läßt man 500 g Zucker in einer Eisenpfanne ohne Wasser hellbraun schmelzen und rührt etwas Vanillezucker und Zimt unter. Die warmen Nüsse werden in den geschmolzenen Zucker gegeben und umgerührt, bis sie ringsum mit Zucker umhüllt sind. Auf einem sauberen Backblech löst man die Nüsse voneinander, solange sie noch heiß sind und läßt sie dann abkühlen.

Haselnußlikör
für 1 Liter Rum braucht man 400 g Haselnüsse und 750 g Zucker. Man röstet die Haselnüsse im ganzen und zerhackt sie dann. Am besten geht das in einem Zerhacker, den viele elektrische Küchenmaschinen als Zusatzgerät haben. Die Nüsse füllt man in ein großes Glas mit weiter Öffnung und übergießt sie mit 1 Liter kochendem Wasser. Ist das Wasser abgekühlt, wird 1 Liter Rum, der Zucker und eine Vanillestange dazugegeben und alles gründlich umgerührt. Die Mischung bleibt gut verschlossen zwei Wochen an einem warmen Ort stehen. Danach gießt man den Likör durch einen Filter, füllt ihn in Flaschen ab und läßt ihn nochmals etwa zwei Monate lang im Keller ruhen.

Heidelbeere
Vaccinium myrtillus

Die Heidelbeere, auch Blaubeere, Bickbeere, Staudebeere und Taubeere genannt, wächst im Nadelwald, vornehmlich auf sandhaltigen Böden und kommt oft in großen Flächen vor.
Die wohlschmeckenden Beeren enthalten viel Gerbstoff, bis zu 7 Prozent, dazu Pektin, die Vitamine C und A, in geringeren Mengen auch B-Vitamine, organische Säuren und bis zu 30 Prozent Invertzucker. Die Blätter, von denen behauptet wird, daß ein Tee daraus den Blutzucker senkt, sollten von Laien nicht verwendet werden, da sie bei längerem Gebrauch und bei falscher Dosierung zu Vergiftungen führen können.
Heidelbeeren werden, je nach Standort, von Juli bis September reif und können dann in großen Mengen geerntet werden.
»In der Heidelbeerzeit kann der Arzt in Urlaub gehen« sagt ein alter Spruch, und daran ist etwas Wahres – wie an den meisten alten Sprüchen.
Frisch geerntet schmecken die Beeren am besten mit Zucker und frischer Milch. Man kann sie auch problemlos einfrieren, denn Heidelbeeren schmekken nach dem Auftauen genau wie frisch gepflückte Beeren, sie zerfallen nicht und verlieren auch nicht den Geschmack. Mit Heidelbeeren kann man unzählige Gerichte zubereiten. Beliebt sind alle Arten von Heidelbeerkuchen und -torten.
Besonders interessant und schnell zubereitet ist der saftige »Amerikanische Heidelbeerkuchen«.

Heidelbeeren reifen je nach Standort von Juli bis September.

Amerikanischer Heidelbeerkuchen
100 g Butter und 100 g Zucker werden schaumig gerührt und nach und nach 300 g Mehl, 1 Ei, 1 Teelöffel Backpulver und etwas Milch dazugegeben, bis ein geschmeidiger Teig entsteht. Mit einem Teigschaber streicht man diesen Teig in eine Springform und zieht einen kleinen Rand hoch. 750 g Heidelbeeren werden mit 150 g Zucker gut vermischt und auf den Teig gelegt, wobei man sie mit der Hand leicht andrückt – aber nicht zerquetscht. Der Kuchen wird bei 200 °C im vorgeheizten Backofen 40 Minuten gebacken. Wer ihn nicht gar so saftig mag, zukkert die Beeren erst nach dem Backen.

Heidelbeeren und Sahnequark
Das ist eine besonders festliche Nachspeise. Dafür vermischt man geschlagene und gezuckerte Sahne vorsichtig mit derselben Menge Quark. Man darf diese Masse nicht zu stark rühren, sonst fällt sie zusammen. In hohe Gläser füllt man nun Schicht um Schicht Sahne-Quark und frische oder eingemachte Heidelbeeren und krönt das Ganze mit einer kleinen Sahnehaube.

Auch Marmelade und Gelee kann man aus Heidelbeeren zubereiten. Weckt man Heidelbeeren als Kompott ein, braucht man nur sehr wenig Wasser, es genügt die Flüssigkeit, die nach dem Waschen an den Beeren bleibt.
Im Schwarzwald, wo es ja Heidelbeeren in Hülle und Fülle gibt, wird Heidelbeerkompott auf ganz unkomplizierte Weise eingekocht. Man füllt die gut verlesenen und gewaschenen Heidelbeeren in Gläser, mischt Zucker mit Wasser so, daß er gerade flüssig ist und gibt dieses Zuckerwasser über die Beeren. Dann werden die Heidelbeeren bei 80 °C 20 Minuten sterilisiert. Will man Heidelbeerlikör zubereiten, mischt man zwei Teile Heidelbeeren mit 1 Teil Sauerkirschen und verwendet Obstbranntwein, der keinen Eigengeschmack hat. Durch die Mischung von Heidelbeeren und Kirschen wird der Geschmack lieblicher. Heidelbeerwein allerdings wird nur aus Heidelbeeren hergestellt.
Hat man sehr viele Heidelbeeren gesammelt, lohnt es sich, Saft für den Winter zu bereiten. Dieser Saft wirkt, wie alle Gerichte aus Heidelbeeren und wie rohe Heidelbeeren gut gegen Durchfall. Dabei reizen die Beeren den Magen nicht, wirken keimtötend und entzün-

dungshemmend. Man kann sogar Babys verdünnten Heidelbeersaft geben, wenn ihre Verdauung nicht in Ordnung ist. Bei starkem Durchfall hilft eine Abkochung aus etwa 250 g Heidelbeeren auf einem Viertel Liter Wasser. Man nimmt diesen Saft schluckweise.
Heidelbeertinktur hilft sehr gut bei juckenden Ekzemen, schlecht heilenden Wunden und bei Bartflechte. Dazu setzt man 200 g getrocknete Heidelbeeren in einem Liter Schnaps an und läßt das ganze drei Wochen lang ziehen. Man kann allerdings auch frisch gepreßten Heidelbeersaft auf Hautausschläge aufpinseln.
Sind Zahnfleisch und Mundschleimhaut entzündet, genügt es, eine Zeitlang getrocknete Heidelbeeren langsam zu zerkauen. Die Infektion wird schnell eingedämmt.
Auch gegen Spul- und Madenwürmer helfen Heidelbeeren. Die Kur ist allerdings radikal. Man darf drei Tage nichts anderes als Heidelbeeren essen – roh oder gekocht. Der Vorteil: Diese Wurmkur ist garantiert ungiftig, man kann sie ohne Bedenken auch bei Kindern anwenden.
Um auch im Winter über die heilsamen Beeren zu verfügen, kann man sie trocknen. Dazu werden sie zuerst auf Hurden ausgebreitet, an einem warmen Platz vorgetrocknet und dann im Backofen bei milder Hitze fertiggedörrt.
Sie sollen weich bleiben, dürfen aber keinen Saft mehr abgeben, wenn man sie zerdrückt.

Himbeere
Rubus idaeus

Waldhimbeeren findet man auf fast allen Waldlichtungen und oft in sehr großen Mengen. Waldhimbeersträucher kann man recht erfolgreich in den eigenen Garten verpflanzen. Man läßt sie dort genau so wachsen, wie im Wald, nämlich als buschigen Strauch. Die Waldhimbeere ist zwar kleiner, als die Gartenhimbeere, aber viel aromatischer, darum lohnt sich ein Ernteausflug auf jeden Fall. Dabei sammelt man nicht nur die Beeren, sondern auch die Himbeerblätter – beides von Anfang Juni an bis in den September. Bei den Blättern schneidet man nur die oberen drei oder fünf Blätter von den jungen Trieben ab, sie ergeben den besten Tee.
Die Blätter der Waldhimbeere enthalten Gerbstoffe, Milchsäure, Bernstein-

säure und ungesättigte Fettsäuren. Die Früchte sind reich an Vitamin C.
Wenn die Himbeerernte in warmen Sommern sehr reichhaltig ausfällt, kann man es sich leisten, nur die reifen, aber nicht die überreifen Beeren zu pflükken. Die Waldvögel möchten ja auch noch etwas haben, und Rehe holen sich die Beeren ebenfalls gerne. Nur wenn man beabsichtigt, Saft oder Himbeerlikör herzustellen, nimmt man auch die weichen, tiefroten und überreifen Beeren mit, am besten in einem eigenen Gefäß. Frische Himbeeren lassen sich ausgezeichnet einfrieren, sie werden beim Auftauen nicht matschig und behalten auch ihren Geschmack. Allerdings müssen sie gezuckert eingefroren werden.
Hat man viele überreife Beeren, lohnt es sich, Himbeermark zum Einfrieren herzustellen. Man läßt die Beeren an einem warmen Platz in reichlich Wasser stehen, damit alle Würmchen oben schwimmen und abgenommen werden können. Dann siebt man die Beeren ab, drückt sie durch ein Sieb und friert das Himbeermark in kleinen Portionen ein. Es behält so seinen hohen Vitamin-C-Gehalt und ist zu verschiedenen Süßspeisen zu verwenden. Auch Sirup aus Waldhimbeeren herstellt, darf nur kurz aufgekocht werden, damit das wertvolle Vitamin nicht zerstört wird.
Aus überreifen Himbeeren bereitet man Himbeerlikör, der besonders fein über Eis und Pudding schmeckt (Seite 25). Man nimmt dafür Wodka, er hebt das Himbeeraroma besonders hervor. Torten und Nachspeisen bereitet man genau so zu, wie aus Gartenhimbeeren, man braucht nur weniger Zucker.

Himbeersaft nach Großmutters Art
Dieser Himbeersaft ist besonders ergiebig. Dafür stellt man so viele Himbeeren, wie man hat, in einer weiten Suppenschüssel eine Woche lang ins Kühle, in den Keller oder in einen kühlen Raum. (Der Kühlschrank ist ungeeignet). Dort ziehen die Himbeeren Saft. Nun läßt man sie in einem Sieb abtropfen und drückt sie mit einem Holzlöffel kräftig aus. Pro Liter Saft fügt man nun 200 g Zucker zu und kocht die Flüssigkeit ganz kurz auf. Wenn man den Saft kochend heiß in saubere Flaschen füllt und diese mit ausgekochten Gummikappen verschließt, hält er über mehrere Monate hinweg.

Himbeer-Sorbet
Eine besonders feine Nachspeise: 500 g Waldhimbeeren werden mit 250 g Puderzucker durch ein Sieb gedrückt. In einem Krug mit weitem Hals vermischt man diese Himbeerpaste mit dem Saft einer Zitrone und einer Flasche Süßmost gründlich. In hohe Gläser gibt man je eine Kugel Himbeereis und füllt die Gläser kurz vor dem Servieren mit dem Himbeersaft und Sekt je zur Hälfte auf.

Himbeer-Schnee
Man schlägt 2 Eiweiß sehr steif zu Schnee und mischt 200 g Puderzucker und 500 g Himbeeren darunter. Der Schnee wird in flache Schalen gefüllt und mit etwas Himbeergeist parfümiert.

Das Hirtentäschel ist in unseren Gärten als Unkraut unbeliebt, als Heilpflanze kann es uns nützlich sein.

Die Blätter der Waldhimbeere werden getrocknet und zusammen mit gleichen Teilen Brombeer- und Walderdbeerblätter zu einem bekömmlichen Haustee gemischt, von dem man heute noch auf dem Lande behauptet, daß er, regelmäßig getrunken, gegen alle Krankheiten immun machen soll. Himbeerblättertee wirkt besonders entzündungshemmend bei allen Erkrankungen des Verdauungstraktes, bei Halsschmerzen sollte man damit gurgeln.
Noch besser als getrocknet schmecken Himbeerblätter, wenn man sie fermentiert (Seite 35).

Hirtentäschel
Capsella bursa-pastoris

Das bescheidene Hirtentäschel heißt im Volksmund auch Blutkraut, wohl deshalb, weil die Pflanze schon seit dem Mittelalter als blutstillendes Kraut bekannt ist. Andere Namen sind Bauernsenf, Hungerkraut, Hellerkraut und Himmelsmutterbrot. Man findet das Hirtentäschel praktisch überall, wo magerer Boden ist, an Weg- und Ackerrändern, auf Wiesen und an Bächen. Es wächst sogar durch Pflastersteine und auf sonnigen Steinmauern. An Wirk-

stoffen enthält das Hirtentäschel vor allem Cholin, Acetylcholin, Tyramin und Gerbstoffe.
Gesammelt und verwendet wird die ganze Pflanze; Blätter, Blüten, Früchte und Stengel. Geerntet werden kann das Hirtentäschel, das seinen Namen von den dreieckigen Früchten hat, die direkt am Stengel sitzen, von März bis Oktober.
Als Heilpflanze wird das Hirtentäschel vor allem gegen innere und äußere Blutungen verwertet. Es wirkt auch gut bei starken und unregelmäßigen Menstruationsblutungen. Acht bis zehn Tage vor der Periode werden bei solchen Beschwerden täglich zwei Tassen Tee getrunken. Dafür übergießt man einen gehäuften Teelöffel Hirtentäschelkraut pro Tasse mit heißem Wasser und läßt den Tee zehn Minuten ziehen. Bei Mädchen in der Pubertät hilft der Tee zur Regulierung der Periode, aber auch während der Wechseljahre der Frau ist er hilfreich. Dann trinkt man vier Wochen lang regelmäßig eine Tasse Hirtentäscheltee und macht anschließend vier Wochen Pause.
Bei Wunden, die sich nicht schließen wollen oder stark nässen, hilft ein Absud aus getrocknetem oder frischem Hirtentäschelkraut. Man übergießt es mit kochendem Wasser und legt es abgekühlt zwischen zwei Mull-Läppchen als Kompresse auf die Wunde.

Schwarzer Holunder
Sambucus nigra

Holundersträucher wachsen an Waldrändern, in Feldgebüschen und in Bauerngärten. Sie können sehr groß werden

und brauchen auch im Garten keine besondere Pflege. Sie vermehren sich praktisch von alleine durch Wurzelschößlinge – und je mehr man davon hat, desto besser ist es. Denn schon die Alten sagten: »Ein Holunderstrauch im Garten ist so wertvoll wie eine ganze Apotheke«.
Die weißen Blütendolden des Holunders, den man auch Flieder oder Hollerstrauch nennt, enthalten schweißtreibende Glykoside, ätherisches Öl, Rutin, Cholin, Fruchtsäuren, Gerbstoff und viel Vitamin C. Die reifen Beeren sind reicher als alle anderen Obstarten an Vita-

min B, sie enthalten auch sehr viel Vitamin A und C. Auch Rinde und Blätter des schwarzen Holunders sind heilkräftig, doch sollten sie von Laien nicht verwendet werden, da es bei falscher Dosierung zu Vergiftungserscheinungen kommen kann.
Ende Mai steht der Holunderbusch in voller Blüte – und schon kann man zum ersten Mal ernten.
Schnell geht die Zubereitung eines alkoholfreien »Holundersektes«, der vor allem bei Kindern beliebt ist. Dazu kocht man in zwei Litern Wasser drei bis vier Blütendolden kurz auf, süßt mit

Hollerküchel
Aus den stark duftenden Blütendolden bereitet man Holunderpfannkuchen – im bayrischen heißen sie Hollerküchel. Man taucht die Blütendolden als ganzes in Pfannkuchenteig und bäckt sie in schwimmendem Fett aus.

Holunderzucker
Vielseitig verwendbar ist Holunderzucker. Dazu trocknet man die Holunderblüten eine Stunde lang bei 50 °C im Backofen und vermischt sie halb und halb mit Puderzucker. Mit Holunderzucker bestreut man Pfannkuchen, Süßspeisen und Ostkuchen.

Holundersekt
Man braucht für acht Liter »Sekt« zehn bis zwölf große, voll aufgeblühte Blütendolden, 1 kg Zucker, 2 ungespritzte Zitronen und 30 g Zitronensäure (aus der Drogerie). Die Holunderblüten werden ausgeschüttelt und mit den in Scheiben geschnittenen Zitronen, dem Zucker und der Zitronensäure in dem Wasser angesetzt. Mit einem Mulltuch zugebunden, bleibt der Topf zwei bis drei Tage an einem warmen (aber nicht überhitzten) Platz stehen. Dann rührt man kräftig um und siebt die Flüssigkeit ab. Der Sekt wird in saubere Flaschen gefüllt, die man gut verkorkt und stehend im Keller aufbewahrt. Nach vier bis sechs Wochen ist der Sekt am besten – er muß aber nun nacheinander getrunken werden, denn im Gegensatz zu Wein wird er durch längeres Lagern nicht besser.

Holunderbeeren und Vogelbeeren werden mit einer Gabel von den Dolden gestreift. Holundersekt wird aus Holunderblüten zubereitet. Die Blütendolden werden in einem Eimer Wasser mit Zucker, Zitronenscheiben und Zitronensäure vier Tage lang in die Wärme gestellt. Danach wird die Flüssigkeit abgesiebt und in Sektflaschen fest verschlossen.

Zucker nach Geschmack und serviert das Getränk eiskalt – möglichst in Sektgläsern. Weniger bekannt ist, daß man aus Holunderblüten auch einen Likör mit feinem Aroma herstellen kann.
Ein Gelee, das nach Muskatellertrauben schmeckt, bereitet man aus Holunderblüten und Stachelbeeren.
Eine wirksame Salbe gegen Entzündungen aller Art bereitet man aus Holunderblüten, die man in Schweinefett erhitzt und dann absiebt.
Ende August sind dann die Holunderbeeren reif. Man erntet sie als ganze Rispen und streift die Beeren erst in der Küche mit einer Gabel ab. Und zwar

Holunderlikör
Man setzt einige Dolden Holunderblüten, die man vorher gut ausschüttelt, mit einem halben Liter Weingeist in einem gut verschlossenen Glas an. Sechs Wochen sollte das Gebräu an einem warmen Ort stehen. Aus 250 g Zucker und einem Viertel Liter Wasser oder Weißwein wird nun ein Sirup gekocht, den man, wenn er abgekühlt ist, mit dem durchgesiebten Weingeist vermischt. In hübsche Flaschen abgefüllt, bleibt dieser feine Likör bis in den Spätherbst stehen, dann schmeckt er nämlich erst richtig gut.

Stachelbeergelee mit Holunderblüten
Pro Pfund Stachelbeeren braucht man vier Dolden Holunderblüten, 500 g Zucker und einen halben Liter Wasser. Stachelbeeren, Zucker und Wasser werden auf die übliche Weise zu Gelee gekocht, die abgestreiften Blüten des Holunder werden in einem Mullbeutel mitgekocht. Der Beutel wird erst aus dem Topf genommen, wenn der Gelierpunkt erreicht ist.

Holundersuppe
Eine besonders feine Holundersuppe wird aus 1 kg Holunderbeeren, etwas Wasser, Zimt, Zitronensaft und Honig nach Geschmack zubereitet. Man kocht die Holunderbeeren mit dem Wasser und den Nelken, bis sie zerfallen. Der abgesiebte Saft wird mit Zimt, Zitronensaft und einigen Löffeln Honig abgeschmeckt und kurz erhitzt. Er darf nicht mehr kochen. Diese Suppe serviert man warm oder kalt mit Tupfern aus süßem Eischnee. Anstatt Wasser kann man auch ein Achtel Rotwein verwenden.

Holundermus
Je 500 g Holunderbeeren, 250 g entsteinte Zwetschgen und 250 g zerschnittene Birnen werden mit etwas Wasser, 60 g Zucker und je 1 Teelöffel Nelken und Zimtpulver erhitzt. 75 g Schwarzbrotrinde wird klein zerkrümelt und solange mitgekocht, bis ein festes Mus entsteht. Holundermus schmeckt zu allen Mehlspeisen oder als Nachtisch mit Schlagsahne.

Holundercreme
Dafür werden 300 g Holunderbeeren mit wenig Wasser und der Schale einer Zitrone gekocht, bis die Beeren zerfallen und dann durch ein Sieb gestrichen. Der Saft – es gibt drei Viertel Liter – wird mit 150 g Zucker zum Kochen gebracht. Mit einem Viertel Liter kalter Milch rührt man 80 g Kartoffelmehl glatt, gibt es an den gezukkerten Saft und läßt alles zusammen ganz kurz aufkochen. In Kompottschalen legt man gedünstete Birnen- oder Apfelschnitze und gießt die Holundercreme darüber. Nach dem Erkalten kann man die Creme mit Schlagsahne servieren – sie schmeckt aber auch »pur«.

Pontack-Soße
Einen halben Liter Weinessig gibt man über 500 g Holunderbeeren in einen Steinguttopf. Diesen läßt man über Nacht im Herd bei niedriger Temperatur (50 °C) stehen. Am nächsten Tag wird die Flüssigkeit abgegossen, 1 Teelöffel Salz, etwas Muskat, 50 Pfefferkörner, 15 Gewürznelken, eine feingehackte Zwiebel und etwas Ingwer werden dazugegeben und das Ganze 10 Minuten lang gekocht. Die Mischung wird mit allen Zutaten heiß in Flaschen abgefüllt und gut verschlossen.

erst, nachdem sie gründlich gewaschen wurden.
Die Bereitung von Wein und Likör ist im allgemeinen Teil beschrieben. Aus Holunderbeeren kann man kalte und warme süße Suppen zubereiten, die nicht nur gut schmecken, sondern auch sehr gesund sind.
Die Holundersuppe schmeckt nicht nur sehr lecker, sie ist auch ein gutes Vorbeugungsmittel gegen Erkältungskrankheiten.
Ebenfalls als Vitaminspender gilt Holundermus, das man wie Marmelade aufbewahren kann.
Holundersaft, den man für den Winter konserviert, trinkt man stark mit Wasser oder Mineralwasser verdünnt. Holundermarmelade schmeckt am besten, wenn man sie mit Äpfeln, Birnen, Brombeeren oder Zwetschgen mischt. Dabei verwendet man zwei Teile Holunderbeeren und einen Teil andere Früchte.
Eine ganz raffinierte Soße kann man aus Holunderbeeren zubereiten – die Pontack-Soße. Sie schmeckt zu dunklem Fleisch und Wild. Es geht das Gerücht, daß es keinen britischen Ruhestandsoffizier gibt, der diese Sauce nicht als unentbehrliche Zutat stets in seinem Gepäck hätte. Am besten schmeckt diese englische Holundersauce nach sieben Jahren – aber sie ist auch schon nach sieben Tagen gut.
Wenn man Holunderbeeren in der Küche zubereitet, sollte man darauf achten, daß Kinder nicht von den rohen Beeren naschen. Die meisten Menschen vertragen die rohen Beeren nämlich nicht, Übelkeit und Erbrechen können die Folge des Genusses sein. Sobald die Beeren aber gekocht oder getrocknet sind, werden sie bekömmlich. Getrocknete Holunderbeeren wirken sogar ausgezeichnet gegen Durchfall. Man kaut den Tag über etwa dreißig getrocknete Beeren.

Roter Holunder
Sambucus racemosa

Der kleine Strauch des roten Holunder, der selten höher als drei Meter wird, wächst an den Rändern von Nadelwäldern, häufiger im Gebirge als in der Ebene. Darum heißt er in manchen Gegenden auch Berg-Holunder oder Hirsch-Holunder. Die roten Beeren erntet man im September und Oktober. Wenn einmal der Frost darüber gegangen ist, sollte man sie allerdings den Waldvögeln überlassen.
Die Beeren des roten Holunders enthalten die Vitamine A, B und C, verschiedene Obstsäuren, ätherisches Öl, Cholin und Fett. Roh darf der rote Holunder nicht gegessen werden, er verursacht Brechreiz. Aber eine hervorragende Husten-Marmelade kann man aus den Beeren kochen.

Hustenmarmelade
Dafür kocht man die von den Stielen gestreiften roten Holunderbeeren mit ganz wenig Wasser 15 Minuten lang, streicht sie durch ein Sieb und kocht den Saft mit derselben Menge Gelierzucker noch einmal 5 Minuten sprudelnd auf. Dann läßt man die Marmelade auf kleiner Flamme noch etwas weiterköcheln, bis die Gelierprobe gelingt.

Die Beeren des roten Holunders sind nur gekocht genießbar.

Diese Hustenmarmelade nimmt man bei Erkältung und Brochitis täglich mehrmals teelöffelweise. Sie schmeckt auch gut in heißer Milch oder heißem Wasser. Selbst hartnäckiger Husten verschwindet damit in kurzer Zeit.

Aus rotem Holunder kann man auch ein rotes Öl gewinnen, das man zum Kochen verwenden kann – es ist allerdings nicht jedermanns Geschmack. Man kocht die vom Stiel abgestreiften Beeren zehn Minuten und läßt den Saft durch ein Tuch ablaufen. Oben auf dem Saft setzt sich nach einigen Stunden das Holunderöl ab.

Huflattich
Tussilago farfara

Zu den allerersten Blüten, die im Frühling aus dem noch kahlen Boden sprießen, gehören die gelben Sterne des Huflattich, auch Brustlattich, Ackerlatsche, Roßhuf und Lette genannt. Zuerst kommen – oft schon Mitte bis Ende Februar – die Blüten; die Blätter erscheinen vier bis sechs Wochen später, also nach der Blüte. Den Huflattich findet man vor allem auf Kahlstellen, an Weg-, Wald- und Grabenrändern. In den Blüten und Blättern ist viel Schleim enthalten, außerdem Gerbstoff, Bitterstoffe und ätherisches Öl.

Man verwendet die Blüten und Blätter frisch oder trocknet sie. Beim Trocknen der Blüten muß man sehr vorsichtig sein, damit in zu großer Wärme die Inhaltsstoffe nicht verloren gehen. Blätter sammelt man, wenn sie noch klein sind – etwa bis zu Handgröße sind sie am besten. Als Beigabe zu Frühlingssalaten kann man schon die Sprossen verwenden, ebenso die Blüten und die ganz jungen Blätter.

Huflattichblätter haben keinen ausgeprägten Eigengeschmack, man wird sie deshalb kaum für Gemüse verwenden.

Der Huflattich gehört zu den allerersten Blüten des Frühlings.

Zu einem Gericht allerdings eignen sie sich, einfach von der Form her, zu Dolmades. Das ist ein griechisches Nationalgericht, das normalerweise mit Weinblättern zubereitet wird.
In erster Linie aber wird man den Huflattich allerdings als Heilmittel anwenden, er ist eines der wirksamsten Naturmittel gegen Husten, Bronchitis und Raucherhusten, kurzum gegen die ganze Palette der Bronchialerkrankungen. Von frischen Huflattichblättern brüht man einen Hustentee, von dem man täglich bis zu drei Tassen trinken sollte. Die Blüten verwendet man entweder ebenfalls zu Tee oder man kocht einen Hustensirup daraus. Man läßt dabei die Blüten mit Wasser und braunem Zucker solange köcheln, bis eine sirupartige Konsistenz entsteht. Ein anderer Hustensirup, etwas aufwendiger herzustellen, ist auf Seite 37 beschrieben. Unsere Großeltern, die dieses Rezept oft benutzten, schworen darauf.

Dolmades
Dazu kocht man Reis, vermischt mit Knoblauch, Thymian und etwas Zitronensaft. Von den Huflattichblättern schneidet man den Stiel ab, dann legt man sie mit der haarigen Seite nach oben auf ein Brett und legt pro Blatt einen Eßlöffel der Reis-Mischung darauf. Zuerst schlägt man die Seiten über die Füllung, dann wird das Blatt zugerollt, so daß etwa fingerlange Blattröllchen entstehen. Diese schichtet man dicht an dicht in eine mit Oliven- oder Sesamöl eingefettete beschichtete Pfanne und dünstet sie bei kleiner Flamme etwa 20 Minuten lang. Die Dolmades schmecken am besten kalt mit Zitronensaft.

Beim Johanniskraut werden die Blüten mit den obersten Blättern abgeschnitten.

Johanniskraut
Hypericum perforatum

Das bis zu einem Meter hoch werdende Johanniskraut (in höheren Regionen bleibt die Pflanze allerdings kleiner) findet man an Wegrändern, in Gebüschen, oft im Brombeergebüsch, an trockenen Feldrainen und am Waldrand. Die Pflanze blüht vom Johannistag, dem 24. Juni, an bis in den September hinein und wird nur während der Blüte gesammelt.
Dem Johanniskraut sagt man schon seit Urzeiten große Heilwirkung nach – das bezeugen auch seine vielen volkstümlichen Namen wie Christi Kreuzblut, Herrgottsblut, Wunderkraut, Gottesgnadenkraut, Fieberkraut, Hartheu. Eine Rolle bei dieser Namensgebung spielt natürlich auch die Tatsache, daß die goldgelben Blüten, wenn man sie zwischen den Fingern zerreibt, einen blutroten Saft abgeben. Johanniskraut spielt schon immer bei den alten ländlichen Bräuchen eine große Rolle. Beim Johannisfeuer trugen die Mädchen Kränze aus Johanniskraut, sie warfen die Blüten des Krautes ins Wasser, um zu sehen, ob sie im kommenden Jahr heiraten würden. Die Bauern gaben ihren Tieren in der Johannisnacht Johanniskraut zu fressen, damit sie das ganze Jahr über gesund bleiben sollten.
Johanniskraut enthält ätherische Öle, die vor allem auf das Nervensystem wirken, außerdem den fettlöslichen roten Farbstoff Hypericin, Gerbstoff, Pektinsäure und Zucker.
Für den Tee aus Johanniskraut werden Blüten und Blätter ohne Stengel getrocknet, ohne große Hitze, wie bei allen Tees, deren Bestandteil Blüten sind. Der Tee gilt als eines der ältesten und besten Nervenmitteln. Er regt das gesamte Nervensystem an, wirkt dabei aber beruhigend bei Depressionen, Schlafstörungen und anderen Nerven-

leiden. Auch Bettnässen, Menstruationsstörungen und Neuralgien werden sehr günstig von dem Tee beeinflußt. Dabei hat er nicht die unangenehmen Nebenwirkungen, die chemische Psychopharmaka haben.
Aus den reinen Blüten stellt man das Johannisöl her, ein altes bewährtes Hausmittel, das früher in keinem Haushalt fehlte. Johannisöl hilft bei allen Wunden, bei Prellungen, Verbrennungen und Sonnenbrand. Vor allem Wunden heilen schnell und ohne Narben, wenn man sie mit Johannisöl behandelt. Auch alte, schlecht heilende Wunden werden nach einer Behandlung mit Johannisöl sauber und heilen dann einwandfrei. Eingenommen – tropfenweise – hilft Johannisöl gegen Erkältungskrankheiten und bei Magenschmerzen, Schlafstörungen und Depressionen.

Johannisöl
Johannisöl herzustellen ist ganz einfach. Man sammelt die voll aufgeblühten Blüten; sie müssen allerdings einzeln von der Dolde abgepflückt werden. In einer hellen Flasche werden diese Blüten mit Olivenöl oder Leinöl (Leinöl hilft besser bei Verbrennungen, ist allerdings etwas zäh) angesetzt und in die Nähe des Herdes oder an ein sonniges Fenster gestellt. Nach einiger Zeit färbt sich das Öl rot. Man kann immer wieder neue Blüten nachfüllen, bis die Flasche voll ist. Hat das Öl eine intensiv rote Farbe angenommen, seiht man es ab und bewahrt es im Dunkeln auf.

Echte Kamille
Matricaria chamomilla

Die Echte Kamille findet man massenhaft auf Ödland, Schuttplätzen und an anderen unwirtlichen Stellen. Werden irgendwo ein paar Lastwagen Erde, etwa von Baugruben, aufgehäuft, ist die Kamille eine der ersten Pionier-Pflanzen, die hier Fuß faßt. Auch an Acker- und Wegrändern findet man sie häufig. Sie hat einige weniger wirkungsvolle Verwandte, etwa die Strahlenlose Kamille, kann aber leicht von ihnen unterschieden werden, denn nach dem Aufblühen klappen die weißen Blütenblätter der Echten Kamille nach unten, der gelbe Pollenkopf ist nach oben gewölbt. Seit altersher heißt die Echte Kamille auch Mägdeblume, Johanniskopfchen, Frauenblume und Romei. Echte Kamille ist ein altes Naturheilmittel, dessen Hauptwirkstoff ein ätherisches Öl ist, das stark entzündungshemmend wirkt. Außerdem enthält die Kamillenblüte Harz, Bitterstoffe und phosphorsaure Salze.
Verwendet werden nur die Blütenköpfe der Kamille. Man pflückt sie ab Ende Mai, wenn die Blüte beginnt, aber nur die Blüten, deren Blütenblätter schon nach unten geklappt sind. Wenn man diese Blüten ausgebreitet an einem schattigen Platz trocknet, fallen die weißen Blütenblätter ab. Die gelben Pollenköpfchen sind das eigentliche Heilmittel, es schadet aber nichts, wenn man die Blütenblätter mit verwendet. Getrocknete Kamille bewahrt man am besten in einer Blechbüchse auf.
Kamille kann äußerlich als Aufguß und als Tee verwendet werden. Für den Aufguß wird ein Liter kochendes Wasser

auf eine Tasse Kamille gegossen und etwa zwanzig Minuten stehengelassen. Man macht damit Kompressen auf Wunden, tupft damit entzündete Stellen, etwa bei Lidrandentzündungen, ab. Spülungen mit dem Aufguß helfen bei Entzündungen des Zahnfleisches und der Mundschleimhaut. Gegen Entzündungen des Magens trinkt man Kamillentee – 2 Eßlöffel Kamille auf eine Tasse Wasser – schluckweise immer wieder über den ganzen Tag verteilt. Eine Rollkur mit Kamillentee ist bei Magenschmerzen hilfreich. Dafür trinkt man morgens nüchtern eine Tasse Kamillentee ohne Zucker und legt sich noch einmal hin. Man legt sich jeweils fünf Minuten auf den Bauch, auf die rechte Seite, den Rücken und die linke Seite. Man rollt sich sozusagen fünfminutenweise herum. Kamillentee wirkt auch schweißtreibend. Dabei msicht man die Kamille zu gleichen Teilen mit Holunder- und Lindenblütentee und trinkt, etwa bei Grippe, drei Tassen dieses Tees heiß. Ein altes Hausmittel, blonde Haare noch heller und leuchtender zu machen, sind Spülungen mit Kamillenaufguß nach dem Waschen.

Zum Wollefärben verwendet man die Kamille frisch, die gelbe Farbe, die die Wolle annimmt, wird dabei intensiver.

Die Blüte der Linde ist seit altersher als wirksames Fiebermittel bekannt.

Bei getrockneter Kamille färbt sich die Wolle hellgelb.
Nahezu alle Heilkräuter kann man für Mensch und Tier gleichermaßen anwenden, auf die äußerliche Verwendung von Kamille bei Tieren sollte man allerdings verzichten. Sie verlieren an der behandelten Stelle das Fell – oft für immer.

Linde
Tilia

Große Linden gehörten früher zum Bild eines jeden Dorfes – die Dorflinde, die Linde als Hausbaum machen deutlich, wie wichtig unseren Vorfahren dieser Baum war. Bestimmt nicht nur, weil sich unter der Dorflinde trefflich feiern ließ und weil der lichte Schatten des Baumes die Häuser vor allzu großer Sommerhitze schützte. Die Blüte der Linde ist seit uralten Zeiten als ausgezeichnetes Mittel gegen Fieber bekannt – und Fieber setzte man früher schlicht mit Krankheit gleich. Mit einer Linde vor dem Haus glaubte man, ein Mittel gegen die meisten Krankheiten sozusagen vor der Haustüre zu haben. Und in gewisser Weise hatten unsere Vorfahren recht.

Die Lindenblüten, die man im Mai und Juni in großen Mengen ernten kann, enthalten vor allem ein ätherisches Öl. Sie dürfen deshalb nicht im Ofen, sondern nur im Schatten an der Luft getrocknet werden, damit sich dieses heilsame Öl nicht verflüchtigt.
Lindenblütentee wird bei allen Krankheiten, bei denen starkes Schwitzen angezeigt ist, heiß und in großen Mengen getrunken. Die Wirkung verstärkt sich noch, wenn man dazu in gleichen Mengen Holunderblüten und Kamille mischt. Doch nicht nur bei fieberhaften Erkrankungen hilft ein Tee aus Lindenblüten, bei manchen Hauterkrankungen kann längerer Genuß eine Umstimmung der Hautfunktion und damit eine Heilung bewirken.
Ein altes Hausmittel, das heute noch vielfach auch in der Tiermedizin verwendet wird, ist Holzkohle aus Lindenholz, fein zerstoßen. Man kann sie selbst zubereiten, einfacher ist es, sie in der Apotheke zu kaufen. Die Holzkohle bindet andere Stoffe sehr gut. Wenn man sie auf eitrige und nässende Wunden streut, reinigen diese sich sozusagen selbst und heilen schnell ab. Lindenholzkohle nimmt man auch bei starken Blähungen ein.
Übrigens: Ein frisches Lindenblatt auf einem Butterbrot ist eine Delikatesse.

Löwenzahn
Taraxacum officinale

Im Volksmund nennt man den Löwenzahn auch Pusteblume, Kuhblume und Sonnenwirbel. Er wächst buchstäblich überall und in großen Mengen: Auf Wiesen natürlich, an Wegrändern, auf Äkkern, am Waldrand und zu vieler Gärtner Leidwesen im Gemüsegarten und im Rasen. Der Löwenzahn gilt überall als Unkraut, aber was für ein Unkraut! Man weiß nicht, was man höher schätzen sollte, seinen Wohlgeschmack oder seine Heilwirkung.
Löwenzahn enthält Taraxin, Inulin, die Vitamine C und D, Gerbstoffe, Bitterstoff, ätherisches Öl und andere Wirkstoffe. Erntezeit für den Löwenzahn ist praktisch das ganze Jahr über, außer im Winter. Schon im zeitigen Frühjahr, nach milden Wintern ab Mitte Februar, sucht man an sonnigen Stellen die jungen Löwenzahnblättchen für Löwenzahnsalat. Sie schmecken am zartesten, wenn die Knospen noch in der Blattrosette stecken. Mit einem scharfen Messer wird die ganze Rosette knapp über dem Boden abgeschnitten. Doch auch später im Sommer kann man ohne weiteres aus jungen Löwenzahnblättern Salat oder Gemüse zubereiten. Nachdem die Wiesen abgemäht sind, wächst er noch einmal nach – allerdings nur die Blätter. Wem Löwenzahn als Salat zu bitter schmeckt, der legt die kleingeschnittenen Blätter vor dem Anrichten kurz in lauwarmes Wasser. Eine andere Möglichkeit, ihn milder zu machen, ist, den Salat bereits eine halbe Stunde vor dem Servieren anzumachen. Die festen Blätter fallen nicht zusammen.
Wenn man über einen Löwenzahnsalat dann noch ausgelassene Speckwürfelchen gibt – wobei allerdings das Fett in der Pfanne bleiben muß – ist das, zusammen mit Butterbroten, schon fast eine Abendmahlzeit. Hartgekochte Eier, gedünstete Champions oder in Ringe

geschnittene Maizwiebeln ergänzen einen Löwenzahnsalat harmonisch. Ausgezeichnet paßt Löwenzahn zu allen herkömmlichen Gartensalaten, die man ja im Frühjahr bestenfalls aus dem Glashaus kaufen kann und die bekanntlich keinen sehr ausgeprägten Eigengeschmack haben. In Baden mischt man kleingeschnittenen Löwenzahn unter den Kartoffelsalat. In Frankreich und Italien bedeckt man den Löwenzahn – der dort oft im Garten angebaut wird – locker mit Erde oder mit einem Brett. Darunter bleiben die Blätter gelb und ganz zart. Aus dem Mittelalter stammt eine besondere Konservierungsmethode: im Herbst werden die ganzen Pflanzen mitsamt einem Stück Wurzel ausgegraben und im kühlen Keller in Erde eingeschlagen. So halten sie sich recht lange.

Im Mai und Juni blüht der Löwenzahn. Aus den gelben Blüten kann man Löwenzahnhonig zubereiten, der ausgezeichnet aufs Butterbrot schmeckt und dazu noch ein hervorragendes und bewährtes Hustenmittel ist .

Auch die Wurzeln des Löwenzahn kann man verwenden. Man bereitet daraus Tee oder Saft, doch auch als Gemüse sind sie schmackhaft. Man kann sogar Ersatzkaffee daraus machen, der recht

Löwenzahnhonig
Für diesen Honig kocht man zwei große Hände voll aufgeblühte Blüten in 1 Liter Wasser etwa 15 Minuten lang. Nebenher röstet man in einer Eisenpfanne 1 kg Zucker braun. Der Löwenzahnsud wird in den Zucker gesiebt und dann das ganze solange langsam gekocht, bis ein dickflüssiger Honig entsteht. Je schneller das geht, desto besser bleibt das Aroma erhalten. Darum kocht man diesen Honig am besten in einer großen, flachen Pfanne.

Löwenzahngelee
3 Handvoll Löwenzahnblüten werden mit 1 l Wasser solange auf kleiner Hitze gekocht, bis das Wasser sich gelb färbt. Dann siebt man den Saft durch ein Mulltuch ab, gibt 500 g Zucker dazu und kocht die Flüssigkeit 30 Minuten zu Gelee ein. In Schraubgläsern hält dieses Gelee lange.

Gemüse aus Löwenzahnwurzeln
Die Wurzeln kann man auch frisch als Gemüse zubereiten. Man säubert sie, schabt sie ab, schneidet sie in ca. 3 cm lange Stücke und kocht sie in Salzwasser halb gar. Dann schüttet man das Wasser ab, tupft mit Küchenpapier die Löwenzahnwurzeln trocken und wälzt sie nacheinander in Mehl, verquirltem Ei und Semmelbröseln. Die panierten Wurzelstücke backt man in viel heißem Fett und serviert sie mit Zitronensaft beträufelt.

kräftig schmeckt. Dafür werden die Wurzeln nach der Blüte ausgegraben, dann sind sie nämlich am größten. Die Wurzeln werden sauber gewaschen und an der Luft getrocknet. Dann röstet man sie – in handliche Stücke geschnitten – in einer Eisenpfanne ohne Fett und mahlt die braunen Stücke mit einer Handkaffeemühle.

Löwenzahn ist nicht nur eine wohlschmeckende, und vielseitig verwendbare Küchenpflanze, sie ist auch als Heilpflanze überaus wertvoll. Ihre vielen Wirkstoffe, die sich im Zusammenwirken noch verstärken, erzielen in erster Linie eine Anregung aller Körperdrüsen, vor allem aber der Bauchspeicheldrüse. Es wird behauptet, daß sich sogar Diabetes bessert, wenn man täglich zehn Stengel Löwenzahn ißt. Das kommt daher, weil vor allem der milchige Saft der Pflanze viel Inulin (nicht Insulin!) enthält. Auch die Muskulatur des Magen-Darm-Traktes wird durch frischen Löwenzahn kräftig angeregt, Leber und Galle funktionieren besser, die Nieren scheiden vermehrt Wasser aus, der Blutdruck wird gesenkt. Löwenzahn eignet sich also hervorragend zu einer Blutreinigungskur, zumal durch die allgemeine Entschlackung auch Linderung bei Rheuma, Gicht, Fettsucht und Verkalkung erzielt wird.

Wer unter einer verschleppten Grippe und chronischem Husten leidet, kann mit einer Löwenzahnkur die Drüsen der Luftwege anregen. Der zähe Schleim löst sich bald, der Husten verschwindet. Ein Hustensirup ist auf Seite 36 beschrieben. Es empfiehlt sich allerdings, von einem Arzt feststellen zu lassen, ob es sich wirklich nur um eine verschlepp-

Die hübsche Malve wächst an Wegrändern. Wo man sie in der freien Natur antrifft, kann man sicher sein, daß hier früher einmal eine menschliche Ansiedlung war.

te Grippe handelt, und nicht eine ernstere Krankheit vorliegt.
Eine Frühlings-Löwenzahnkur ist ganz einfach. Man ißt soviel frischen Löwenzahnsalat, wie möglich, und stellt mit dem Haushaltsentsafter zusätzlich noch Löwenzahnsaft her, den man eßlöffelweise zu sich nimmt.
Für den Winter trocknet man Löwenzahnblätter und -wurzeln. Die Wurzeln wäscht man, schneidet sie in halbzentimeterlange Stücke und trocknet sie gesondert von den Blättern. Sind Wurzeln und Blätter trocken, mischt man sie und bewahrt den Tee in einer Blechbüchse auf. Trinkt man im Winter täglich eine Tasse Löwenzahntee – einen Eßlöffel Tee auf eine Tasse Wasser kurz aufkochen – erzielt man denselben Erfolg wie bei frischem Saft.

Wilde Malve
Malva sylvestris

Man findet die Wilde Malve in ganz Europa vor allem an Wegrändern, Zäunen, Mauern und auf Schuttplätzen, aber immer in der Nähe von menschlichen Behausungen. Wächst sie im freien Gelände, kann man sicher sein, daß hier früher einmal eine menschliche Ansiedlung war. Die Malve blüht von Mai bis in den September hinein und kann während dieser Zeit immer frisch geerntet werden. Zum Trocknen allerdings sollte man Blüten und Blätter in den heißen Sommermonaten Juni und Juli pflücken, denn da entfaltet sich das Aroma am besten.
Die Malve ist Bestandteil vieler verschiedener Tees, die sie verbessert. Man kann aber auch reinen Malventee bereiten. Dafür werden die Blätter und Blüten entweder getrocknet oder, was besser ist, frisch verwendet. Beim Trocknen geht nämlich ein Teil des natürlichen Schleimgehaltes verloren. Die frische Pflanze setzt man, um ihre Wirkung voll zu erhalten, kalt über Nacht an.
Die jungen Triebe der Malve vor der Blüte kann man sehr gut in verschiedene Gemüse und Salate mischen.
Die Wilde Malve mit ihren schönen rosa Blüten enthält, wie übrigens ihre kleine Verwandte, die »Käsepappel« genannt wird, in erster Linie Stoffe, welche die Schleimhäute vor äußeren Reizungen schützen. Man verwendet sie also bei allen Entzündungen der Schleimhäute im Magen-Darmbereich, im Bronchial- und Lungenbereich und bei Mundschleimhautentzündungen. Unterstützt wird die entzündungshemmende Wirkung des Schleims durch Gerbsäure.

Melokhia
Ein ägyptisches Nationalgericht ist Melokhia, eine Suppe, die man aus einem Pfund im Mixer zerkleinerter Malvenblätter und zwei Litern Fleischbrühe kocht. In diese Malvenbrühe gibt man kurz angebratene Knoblauchzehen, Koriander, Pfeffer und Salz. Mit kleinen Hackfleischbällchen wird die Suppe zur Hauptmahlzeit.

Pfefferminze
Mentha spicata

Pfefferminze findet man seit einiger Zeit immer wieder auf Wiesen, die nicht stark oder nur auf natürliche Weise gedüngt werden. Der Kunstdünger hatte sie fast ausgerottet. Auch an Böschungen und Straßenrändern kann man sie finden (an zu stark befahrenen Straßen sollte man sie aber stehen lassen). Man erkennt die wilde Pfefferminze, auch Bocksbalsam oder Katzenkraut genannt, im Zweifelsfall an dem starken Geruch nach Minze, wenn man die Blätter zwischen den Fingern zerreibt. Sie ähnelt der Pfefferminze, die man im Garten anbaut, nicht sehr, sie hat hellere und kleinere Blätter und Blüten.

Pfefferminze enthält in erster Linie Menthol, dazu eisengründenden Gerbstoff, Bitterstoffe und Fermente.

Pfefferminze galt schon früher und gilt heute noch als Allheilmittel, wobei die Hauptwirkung auf den hohen Mentholgehalt zurückgeführt wird. Pfefferminze wirkt entzündungshemmend, keimtötend, krampflösend, schmerzstillend und gallentreibend. Sie regt das Gefäß- und Atemzentrum an, beruhigt die Ner-

ven, hilft gegen Schlaflosigkeit und Kopfschmerzen bei Magenverstimmungen und Koliken. Bei sehr schmerzhafter Menstruation verwendet man einen Tee aus gleichen Teilen Minze, Kamille und Melisse. Tee wird aus zwei Teelöffeln Minze auf eine Tasse Wasser zubereitet. Man sollte ihn nicht länger als zehn Minuten ziehen lassen. Pfefferminze wird in Sträußen an einem schattigen Platz getrocknet. Die Blätter werden erst nach dem Trocknen von den Stengeln gestreift.
Allerdings: Pfefferminztee ist kein Tee für jeden Tag, weil bei Gewöhnung erstens die Wirkung nachläßt und auch, weil bei entsprechender Empfindlichkeit Magenschmerzen eintreten können. Pfefferminztee also wirklich nur bei Bedarf!
Wenn Pfefferminze auch als Heilpflanze gilt – in der Küche ist sie ein Gewinn. Englische Minzsoße zum Beispiel zu Lammfleisch ist eine Delikatesse.

Minzsoße
Dafür läßt man 3 Eßlöffel Zucker in einem Viertel Liter Wasser aufkochen, nimmt den Topf vom Herd, gibt zwei Hände voll kleingeschnittener Minzeblätter und ein Achtel Liter Essig dazu und läßt die Soße ziehen.

Minze-Gelee
Dazu zerstößt man eine große Handvoll Minzeblätter im Mörser, vermischt sie mit zwei Eßlöffeln Zucker und gießt zwei Schnapsgläser Weingeist darüber. Diese Mischung läßt man drei Stunden lang stehen. Dann bringt man 500 g Gelierzucker (2:1 von Dr. Oetker) in einem Liter Weißwein zum Kochen, nimmt die Zuckerlösung vom Herd und rührt die Minze-Essenz dazu. Das Gelee wird heiß in Gläser gefüllt und verschlossen.

Pfefferminz-Flammeri
Man bereitet einen ganz normalen Griesbrei zu, unter den man eine Handvoll fein gewiegter Pfefferminzblätter mischt. Der Brei wird in eine kalt ausgespülte Form gegossen und, wenn er kalt geworden ist, gestürzt und mit etwas Schlagsahne serviert.

Übrigens: Wenn man die wilde Pfefferminze auf den Wiesen nicht findet, kann man genau so gut Wasserminze *(Mentha aquatica)* verwenden, die etwas weiter verbreitet ist. Sie wächst an den Ufern von Bächen und Wassergräben. Ihre Blätter sind kleiner, die Blüten stehen dichter und sind kugelig.

Pfefferminz-Likör
Man wäscht etwa 15 Stengel Pfefferminze gründlich, zerschneidet sie grob und packt sie in einen Krug oder ein großes Gurkenglas. 1 Liter Weingeist wird darübergegossen, das Glas oder der Krug fest verschlossen und das Ganze zwei Wochen ziehengelassen. Zwei Tage vor der Weiterverarbeitung gibt man die geriebene Schale von einer ungespritzten Zitrone dazu. Nach zwei Wochen wird 1 kg Zucker mit 1 Liter Wasser zu Sirup verkocht und der Kräuter-Weingeist-Extrakt dazugegeben. Über Nacht bleibt die Mischung zugedeckt stehen, dann wird sie durch ein Mulltuch gesiebt und in Flaschen abgefüllt. Zwei Monate später kann man den Pfefferminz-Likör trinken.

An heißen Sommertagen gibt es kaum etwas erfrischenderes als ein kaltes Pfefferminzgetränk (Seite 17).
Einen Magenbitter beschreibt ein englisches Haushaltsbuch von 1620:

Magenbitter
Dazu legt man eine Handvoll Minzeblätter, je eine Unze Anissamen, Koriander, Fenchel und Kümmel zerrieben in einen Topf, übergießt das Ganze mit einer Flasche Branntwein und läßt es über Nacht stehen (zum Nachmachen: Statt einer Unze nimmt man einen Teelöffel voll).

Rotklee
Trifolium pratense

Rotklee ist keine eigentliche Wildpflanze, sondern eine Kulturpflanze, die auf Wiesen und Weiden angesät wird und sich gern über diese Plätze hinaus selbst verbreitet.
Rotklee kann man sehr gut in der Küche verwenden, er schmeckt als Salat und er schmeckt als junges Gemüse. Aus Blättern und Blüten kann man einen wohlschmeckenden Haustee zubereiten. Allerdings erntet man dafür die Pflanze jung, nicht erst, wenn sie schon eine stattliche Höhe erreicht und einen harten Blütenstengel hat. Man trocknet die ab Juni gesammelten jungen Kleeblätter und -blüten an einem warmen, schattigen Platz. Für Kleehonig kocht man die Blütenköpfe in Wasser etwa 20 Minuten, siebt dann die gewonnene Flüssigkeit ab und kocht sie mit braunem Zukker solange, bis eine honigartige Flüs-

Sauerampfer erfreut den Landwirt nicht – umsomehr den Gourmet.

sigkeit entsteht. Dieser Honig schmeckt auf Brot ebenso gut wie im Tee – im Kleeblättertee. Ebenso wie den Rotklee kann man auch den weißen Klee verwenden, allerdings hat er eine kleinere und nicht so wohlschmeckende Blüte.

Sauerampfer
Rumex acetosa

Sauerampfer, auch Roter Heinrich, Roter Ritter und Ochsenzunge genannt, findet man oft schon Mitte März auf feuchten Wiesen und Weiden. Kein Kind, das nicht im Frühjahr mit Begeisterung frische Sauerampferblätter ißt. Die französische Küche hat sich die erfrischend säuerliche Pflanze ganz offiziell einverleibt, Sauerampfer wird in Frankreich sogar in Gärten angepflanzt und von den berühmtesten Köchen in der Küche verwendet.
Hauptbestandteil des Sauerampfers ist Oxalsäure und Vitamin C. Die Oxalsäure bewirkt bei empfindlichen Menschen Nierenstörungen, darum sollte Sauerampfer nicht in großen Mengen gegessen werden. Das Vitamin C aber kommt gerade im zeitigen Frühjahr dem Vita-

Sauerampfersuppe
Sauerampfersuppe ist eine Delikatesse. Dafür wäscht man die jungen Blätter und schneidet die Stiele ab. Grob gehackt, dünstet man sie kurz mit Butter an, stäubt etwas Mehl darüber, füllt Fleisch- oder Hühnerbrühe dazu und läßt die Suppe 15 Minuten lang ziehen. Mit Salz, einer Prise Zucker und nach Geschmack etwas Muskat, schmeckt man ab. Gut schmeckt es, wenn man kurz vor dem Servieren einige Löffel saure Sahne oder ein verquirltes Eigelb an die Suppe gibt.

minmangel des frühjahrsmüden Menschen entgegen. Man muß also einen Kompromiß finden, zum Beispiel, indem man Sauerampfer kocht, als Suppe oder als Soße. Durch das Kochen wird nämlich die Oxalsäure abgebaut.
Sauerampfersoßen schmecken zu Wild, Fleisch und Fisch, aber auch zu gekochten Eiern. Am einfachsten ist die rohe Sauerampfersoße.
Hervorragend schmeckt junger Sauerampfer zu allen Wildpflanzensalaten, zu jedem Gartensalat und zu Kartoffelsalat. Man darf allerdings nicht zuviel Sauerampfer an den Salat geben, sonst »erschlägt« er den Geschmack der anderen Pflanzen. Auch zu Kartoffel-, Linsen und Bohnensuppe schmeckt kleingeschnittener Sauerampfer.
Bei kleinen Verletzungen, Schnittwunden, Abschürfungen und Verbrennungen legt man zerriebene Sauerampferblätter auf die verletzte Stelle; das kühlt und heilt.

Rohe Sauerampfersoße
Dazu werden die jungen Blätter des Sauerampfer klein zerschnitten, in einem Mörser zerstoßen und mit etwas Zucker und Essig verrührt.

Französische Sauerampfersoße
Man zerschneidet junge Sauerampferblätter sehr fein und dünstet sie mit einem Teelöffel Butter zu einem Püree. Dann wird langsam ein Achtel Liter Sahne dazugerührt. Diese muß vorher im Wasserbad erwärmt werden, damit sie nicht gerinnt. Die so entstandene Paste wird mit der Brühe aus dem Gericht verdünnt, zu dem die Soße serviert wird.

Englische Sauerampfersoße
Die Sauerampferblätter werden mit reichlich Zwiebeln und etwas Rosmarin zerkleinert und in Butter angedünstet. Sind sie zusammengefallen, stäubt man Mehl darüber und gießt mit Fleischbrühe oder etwas Wasser auf. Mit Semmelbröseln wird die Soße eingedickt und mit Sahne und Eigelb verfeinert.

Sauerampferpüree als Füllung
In dünne Pfannenkuchen kann man Sauerampferpüree füllen. Dazu kocht man sehr viele Sauerampferblätter in Salzwasser etwa 5 Minuten und gießt das Kochwasser ab. Das Gemüse wird durch den Fleischwolf gedreht oder durch ein grobes Sieb getrieben. In flüssiger (nicht heißer) Butter dünstet man das Püree an, gibt ein Achtel Sauerrahm und zwei mit Milch verrührte Eigelb daran und erhitzt es kurz.

Sauerklee
Oxalis acetosella

In lichten Laubwäldern, aber auch in Fichtenwäldern, die noch einen Bewuchs unter den Bäumen haben, findet man oft ganze Teppiche des hellgrünen Wald-Sauerklees. Diese Pflanze hat eine seltsame Eigenart: Bei Erschütterung oder auch bei starker Beschattung klappt sie ihre kleeförmigen Blättchen ganz nach unten. Schlafstellung nennt man das.

Sauerklee enthält Vitamin C und vor allem Oxalsäure, und zwar sehr viel. Daher auch sein säuerlich-frischer Geschmack.

Sauerklee wird nur frisch genossen. Wenn er welk wird oder durch Frost abstirbt, wird er braun und ungenießbar. Darum eignet er sich auch nicht zum Trocknen. Im Frühjahr und Frühsommer ist er besonders schmackhaft. Wanderer pflücken gern ein Sträußchen und essen es gegen den Durst.

So lecker der Sauerklee schmeckt, man sollte niemals zu große Mengen davon essen. Die darin enthaltene Oxalsäure fördert die Bildung von Nieren- und Gallensteinen. Aber als Beigabe zu frischen Frühlingssalaten schmeckt Sauerklee ausgezeichnet. Eine Handvoll in einer Schüssel Salat ist gerade richtig. Zuviel würde den Eigengeschmack des Salates verdecken. Besonders gut schmeckt Sauerklee zu Tomatensalat.

Auch zu grünen Soßen und Mayonnaisen kann man kleine Mengen Sauerklee auf diese Weise verwenden. Allerdings müssen diese Soßen kalt gerührt sein, denn durch Kochen verliert der Sauerklee seinen Geschmack.

Gegen hartnäckige Verstopfung hilft ein Aufguß aus zwei Teelöffeln frischer Sauerkleeblätter und eine Tasse Wasser. Mit Honig gesüßt, trinkt er sich leichter.

Die Schafgarbe mit ihren zähen Stielen läßt sich am besten mit der Schere ernten.

Fischbutter
Mit Sauerklee kann man auch eine schmackhafte Fischbutter herstellen. Dazu zerreibt man eine Handvoll der grünen Blätter in einem Mörser und mischt sie unter weiche, nicht geschmolzene, leicht gesalzene Butter. Vor allem zu Forellen ist das ein Genuß.

Schafgarbe
Achillea millefolium

Man findet die heilkräftige Schafgarbe fast überall, auf Wiesen und Viehweiden, an Feldrainen und Ackerrändern. Mancherorts wird sie auch Tausendblatt, Garben- oder Grillenkraut genannt. Sie blüht von Juni bis zum ersten Frost. Der wesentlichste Bestandteil der Schafgarbe ist ein sehr wirksames ätherisches Öl, dazu kommen Aconitsäure, Gerbstoff, Harz und Inulin.
Im Frühjahr, wenn die Schafgarbe noch nicht blüht, sammelt man die zarten

gefiederten Blättchen, die sehr aromatisch sind, als Zugabe zu Wildgemüse und Salaten. Man sollte nicht zuviele davon verwenden, sonst schmecken sie zu stark vor. Will man aus Schafgarbe ein Gemüse kochen, wozu sich auch ältere Blätter eignen, dann kocht man das Gemüse 20 Minuten, gießt das Kochwasser ab und bereitet zu dem Gemüse eine helle Mehlschwitze.

Wildkräutersuppe
Für eine Wildkräutersuppe mit Schafgarbe kombiniert man Löwenzahn, Sauerampfer, Brunnenkresse, junge Blätter von Schafgarbe und etwas frischen Spinat zu gleichen Teilen. Die kleingeschnittenen Kräuter werden etwa 10 Minuten lang in leicht gesalzenem Wasser gekocht und dann durch ein Sieb gestrichen oder durch eine Kartoffelquetsche gedrückt. In ein Achtel Liter Sahne rührt man ein Eigelb und gibt die glattgerührte Sahnemasse an die Suppe. Würzen muß man diese pikante Suppe nicht mehr, aber kroß geröstete Brotwürfel oder in Scheiben geschnittene Würstchen passen gut dazu.

Meerrettichsoße und Schafgarbe
Zur herkömmlichen Meerrettichsoße schmecken Schafgarbeblätter besonders pikant. Dafür mischt man auf 1 Eßlöffel geriebenen Meerrettich 1 Teelöffel feingeschnittene junge Schafgarbeblättchen. Diese Mischung wird nun mit einem Achtel Liter Milch verrührt und mit Essig, Salz und einer kleinen Prise Zucker gewürzt.

In erster Linie ist die Schafgarbe allerdings ein Heilkraut – und was für eines! Ihre heilende Wirkung ist seit altersher bekannt. Man nimmt Schafgarbe entweder als Tee zu sich oder bereitet einen noch wirksameren frischen Preßsaft aus ganzen Pflanzen, den man mit Wasser verdünnt trinkt. Schafgarbe wirkt anregend auf den Stoffwechsel, ist also wie viele Wildpflanzen ein hervorragendes Blutreinigungsmittel. Sie steigert, wenn man dreimal täglich eine Tasse Schafgarbentee trinkt, die Harnabsonderung, ohne dabei die Nieren zu reizen. Auch auf Magen, Darm und Galle wirkt die Schafgarbe krampflösend, dasselbe gilt bei Menstruationsstörungen. Monatsschmerzen verschwinden nach dem Genuß einer Tasse Schafgarbentee schnell. Junge Mädchen, die noch unregelmäßig ihre Menses bekommen, sollten eine mehrwöchige Kur mit Schafgarbentee machen. Die krampflösende und durchblutungsfördernde Pflanze erreicht, daß alles bald in die Reihe kommt. Auch der Kreislauf profitiert von der Schafgarbe, weil sie das Herz unterstützt.

Schlehe
Prunus spinosa

Die Schlehe, auch Schwarzdorn genannt, ist die Vorfahrin all unserer Pflaumen und Zwetschgen und schon seit Jahrtausenden vom Menschen als Nahrungsmittel geschätzt. Bei Ausgrabungen aus der Jungsteinzeit fand man ganze Karrenladungen von Schlehenkernen. Die dornigen Schlehenbüsche wachsen an Waldrändern und in Feldgehölzen, auf Ödland und an Böschun-

Die Schlehenblüten werden im April sorgsam von den Zweigen gestreift.

Im Herbst werden die Beeren nach den ersten Nachtfrösten geerntet.

gen. Die weißen kleinen Blüten des Schwarzdorn, wie die Schlehe auch genannt wird, enthalten ein Cumarinderivat und sind eines der ältesten bekannten Volksheilmittel überhaupt. Die blauen Beeren enthalten Gerbstoffe, organische Säuren, Vitamin C und Zukker.

Der Strauch blüht im April, bevor sich seine Blätter entfalten. Man streift dann die Blüten sorgsam von den Zweigen und liest alle Knospen und kleinen Blättchen heraus. Die Blüten werden sehr sorgsam auf Hurden getrocknet, die man am besten mit Gaze bespannt. Bei nassem Wetter – im Frühjahr keine Seltenheit – trocknet man die Schlehenblüten in einem warmen Raum, aber niemals im Backofen. Ein Tee aus diesen Blüten (1 Teelöffel Blüten auf eine Tasse Wasser) wirkt mild aber nachhaltig abführend, vor allem dann, wenn bereits eine Gewöhnung an Abführmittel besteht und diese nicht mehr helfen. Da dieser Tee auch krampflösend und schmerzstillend ist, hilft er auch bei schmerzhaften Verstopfungen und bei Darmkrämpfen, die ja oft im Verlauf von Darmstörungen mit einhergehen.

Die Beeren werden im Herbst erst ziemlich spät reif, je nach Lage erst Ende Oktober. Man sammelt sie aber ohnehin erst, wenn ein paar Nachtfröste darübergegangen sind. Durch den Frost verlieren sie ihre Säure, werden süßer und geben mehr Saft ab. Will sich in einem Jahr partout kein Frost einstellen, hilft man der Natur einfach nach. Man legt die Schlehen vor der Weiterverarbeitung zwei Tage in das Gefrierfach des Kühlschrankes oder in die Kühltruhe.

Schlehen kann man auf vielerlei Art verarbeiten. Am bekanntesten ist wohl Schlehenlikör (Zubereitung Seite 25) und Schlehenwein (Seite 27). Wenn man die Schlehen für Wein und Likör zerquetscht, muß man drauf achten, daß die Kerne nicht verletzt werden, denn sie enthalten, wie alle Steinobstkerne, Blausäure.

Verarbeitet man Schlehen zu Marmelade, was man unbedingt ausprobieren sollte, mildert man die Säure der Schlehenbeeren am besten mit Birnen oder Äpfeln.

Schlehen-Gin

Dies ist eine Variation zum Schlehenlikör. Die Schlehen werden mit derselben Menge Zucker in Flaschen gefüllt. Die Flaschen dürfen gerade halb voll sein. Dann füllt man sie mit Gin auf, verschließt sie gut und lagert sie zwei Monate. Einmal pro Woche sollten die Flaschen gut durchgeschüttelt werden. Das feurige dunkelrote Getränk, das gerade zu Weihnachten fertig ist, schmeckt frisch – die mit Gin vollgesaugten Beeren kann man essen.

Schlehensaft

Schlehensaft bereitet man am besten mit dem Dampfentsafter. Diesen Saft kann man nach Bedarf wie Glühwein zubereiten – also mit heißem Zuckerwasser, Zimt und Nelken.

Schlehenmarmelade

Auf 1 kg Schlehen kommt etwa ein Viertel Liter Birnensaft oder Apfelmus. Die Schehen werden mit etwas Wasser weichgekocht und durch ein Sieb gestrichen. So bleiben die Kerne zurück. In den so gewonnenen Saft rührt man 1 kg Zucker und den Birnensaft oder das Apfelmus und kocht das Ganze zu Gelee.

Schlehen süßsauer

Zu Wild und Rindfleisch schmecken sehr gut süßsauer eingelegte Schlehen. Dafür werden 500 g Schlehen mit ein Achtel Liter Essig, ein Viertel Liter Wasser, 250 g Zucker, etwas Zimt und Nelken bei schwacher Hitze gekocht. Dann läßt man die Mischung etwas abkühlen, gießt den Saft ab, läßt ihn nochmals etwas einkochen und gießt ihn wieder über die Schlehen. Dieses Verfahren wird insgesamt dreimal wiederholt, bis der Saft ziemlich dickflüssig ist. Dann verschließt man die süßsauren Schlehen in Schraubgläsern. Eine Variante dieses Rezeptes ist es, Honig anstatt Zucker zu verwenden.

Steinklee
Melilotus officinalis

Der Steinklee hat viele Namen. Der Volksmund nennt ihn auch Mottenklee, Honigklee, Bärenklee, Goldklee oder Meliote. Man findet die oft über einen Meter hohe Pflanze an trockenen Standorten, an Mauern, Wegrändern, auch Schuttplätzen und in Weinbergen. Die Blüten sind weiß oder gelb und immer von vielen Bienen besucht.
Steinklee enthält ein ätherisches Öl und Cumarin. Da Cumarin in größeren Dosen giftig ist und zu Kopfschmerzen und Erbrechen führt, sollte die Pflanze nicht von Laien als Naturmedizin benützt werden.
Steinklee hat aber eine ganz besondere Wirkung – er vertreibt zuverlässig die Motten aus den Schränken. Und hält sie fern. Schon unsere Großmütter wußten, daß Wäsche und Kleidungsstücke vor dem ungebetenen Ungeziefer geschützt sind, wenn man einen Strauß Steinklee in Schränken und Schubladen aufbewahrt.

Der Steinklee blüht von Juni bis August. In dieser Zeit schneidet man die blühenden Teile etwa 30 cm lang ab und bindet sie zu kleinen Sträußen, die man auf einem luftigen, schattigen Dachboden trocknet. Wenn man den Steinklee in der Sonne trocknet, wird er braun und wirkt nicht mehr. Der getrocknete Steinklee muß die Farbe der frischen Pflanze behalten. Dann fangen die Blüten bald an, fein nach Waldmeister zu duften – sie enthalten ja auch denselben Wirkstoff, das Cumarin. Diese Steinkleesträuße hängt man in die Schränke zwischen die Kleider. Für die Schubladen näht man kleine Beutelchen aus Mull und füllt sie mit zerriebenem Steinklee, den man einfach von den Stengeln streift. Steinklee im Schrank duftet sehr viel angenehmer als Mottenkugeln – hat aber dieselbe Wirkung.
Wie den echten Steinklee kann man auch den hohen Steinklee *(Melilotus altissima)* verwenden, der ähnlich aussieht, aber noch höher wächst. Man findet ihn vor allem an feuchten Standorten.

Schlüsselblume
Primula veris

Die Schlüsselblume, auch Himmelsschlüssel genannt, ist eine der allerersten Frühlingsblumen. Sie blüht schon Ende März bis Mitte April in lichten Laubwäldern, auf feuchten Wiesen und an Bächen.
Die Schlüsselblume enthält viel Saponin, Flavonoide und ätherisches Öl. In der Wurzel sind noch weitere Wirkstoffe, doch sollte die Wurzel von Laien weder verwendet noch ausgegraben werden. Ihre Inhaltsstoffe gehören in die fachkundigen Hände von Apothekern und ausgraben darf man die Pflanze nicht, weil sie in der »Roten Liste der Pflanzen« als schonungsbedürftig eingestuft ist.
Blätter und Blüten der Schlüsselblume aber verwendet man in der Wildpflanzenküche zusammen mit anderen Wildkräutern. Als Salat harmonieren die Blätter sehr gut mit jungem Löwenzahn, der gleichzeitig geerntet werden kann. Die Blüten werden ebenfalls unter den Salat gemischt. Zu einer Frühlingssuppe verwendet man Schlüsselblumenblätter zusammen mit Brennesseln, jungem Sauerampfer und einer Prise Gundermann.

Schlüsselblumenessig
Setzt man eine Handvoll Blüten mit einem Liter Essig an und läßt ihn zwei Wochen an einem warmen Platz stehen, so hat man einen besonders feinen, duftigen Essig für alle Wildkräutersalate.

Als Naturarznei ist die Schlüsselblume recht interessant. Sie regt – das bewirkt das Saponin – die Drüsen im ganzen Körper an und wirkt vor allem auf die Bronchialdrüsen. Eine Abkochung von 2 Teelöffeln frischen oder getrockneten Blüten auf eine Tasse Wasser – zehn Minuten Kochzeit sind notwendig – hilft hartnäckigen Husten lösen. Zusammen mit Baldrian oder Hopfen wirken die Blüten der Schlüsselblume auch als natürliches unschädliches Schlafmittel. Am Abend eine Tasse Schlüsselblumentee mit Honig getrunken, erübrigt in fast allen Fällen chemische Schlafmittel. Man sollte es halten wie unsere Großeltern: Sie pflückten im Frühjahr die Schlüsselblume nicht nur als Schmuck für den Ostertisch, sondern sie trockneten auch ein Säckchen davon sorgsam im Schatten und verwendeten die getrockneten Blüten das ganze Jahr über als Husten- und Beruhigungsmittel.
Viele Gartenbesitzer meinen, sich die schönen Pflanzen in ihren Garten holen zu müssen – sie gedeihen auch recht gut im Hausgarten. Aber: Jede Pflanze, die man ausgräbt oder verpflanzt, ist für die Natur verloren. Es gibt andere Frühlingsblüher, die im Garten ebenso schön sind, darum sollte man diese gefährdete Pflanze schützen.

In dieser Größe sind die jungen Triebe für die Ernte geeignet.

Tanne und Fichte
Abies alba, Picea abies

Fichten, (auch Rottannen genannt) und Tannen sind in jedem Nadelwald bis auf 2000 Meter Höhe zu finden. Aus dem Harz gewinnt man Terpentinöl, doch das sei den Fachleuten überlassen. Für den Naturfreund und -koch ist wichtig, daß die jungen Triebe der Fichte reichlich Vitamin C enthalten. Darum wurden sie schon früher gerne als Mittel gegen die leidige Frühjahrsmüdigkeit verwendet – entweder als Tee oder als Tannenspitzenhonig. Dieser »Honig« ist außerdem ein gutes Hustenmittel und schmeckt ausgezeichnet im Tee oder als Brotaufstrich, weil er den feinen Harzgeschmack behält. Tannenspitzenhonig ist leicht zuzubereiten. Obwohl man zur Zubereitung von Honig, Likör und Tee nur wenige der aromatischen hellgrünen Triebe braucht, sollte man sie nicht gedankenlos sammeln. Man nimmt von jedem Baum nur wenige Triebe und beschränkt sich auf die untersten Zweige. Einen Aufguß aus jungen Tannenzweigen – dabei können die Triebe auch ein bißchen länger sein – kann man dem Badewasser zusetzen. So ein Bad wirkt hautreizend, also durchblutend, und gleichzeitig nervenberuhigend.

Tannenspitzenhonig
Man nimmt drei Hände voll der jungen, grünen Triebe und läßt sie in einem Topf, gerade mit Wasser bedeckt, dreimal aufkochen. Diesen Absud stellt man drei Tage lang in einen kühlen Raum (nicht in den Kühlschrank). Danach wird er abgesiebt und mit derselben Menge Kandiszukker dick eingekocht. Wer's gerne »harzig« mag, fügt ein messerspitzengroßes Stückchen Tannenharz dazu.

Likör von Tannenspitzen
Tannenspitzenlikör bereitet man mit Gin zu. Eine Handvoll Tannenspitzen wird sauber gewaschen und trockengetupft. Dann füllt man sie mit 1 Flasche Gin und 150 g Kandiszucker, der nicht zu grob sein sollte, in eine weithalsige Flasche, die gut verschlossen wird. Der Schnaps muß nun drei Monate ziehen, wobei man ihn ab und zu durchschüttelt. Nach dieser Zeit läßt man den Likör durch ein doppelt gelegtes Mulltuch oder einen Kaffeefilter laufen, füllt ihn in Flaschen und lagert ihn nochmals mindestens drei Monate lang. Auch zum Tannenspitzenlikör kann man zwei Tropfen Harz geben.

Tannenhonig ist kein echter Honig, aber ein wohlschmeckender Brotaufstrich.

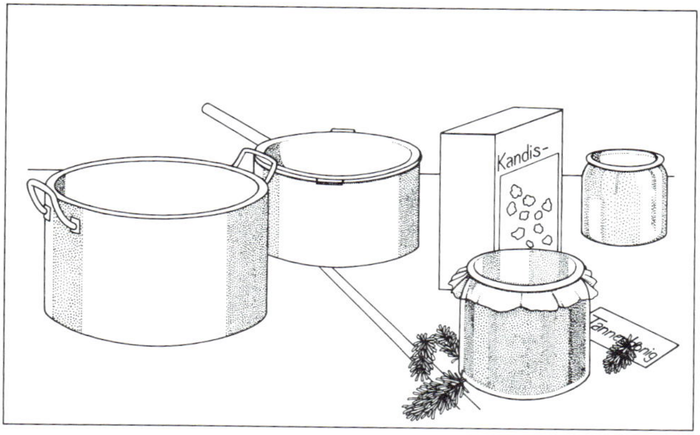

Taubnessel
Lamium album

Man findet die Taubnessel als Unkraut im Garten, in Gebüschen, an Wiesenrändern, in der Nähe von Mauern und Zäunen. Als Kind hat wohl jeder schon den süßen Nektar aus den weißen Blütentrompeten gesaugt. Der Volksmund nennt die Pflanze deshalb auch Saugblume, Bienensaug und Honigblume.

Die weiße Taubnessel blüht ab Mai und wird dann auch geerntet, denn die Wirkstoffe – Gerbstoffe, ätherisches Öl, Saponin – sind vor allem in der Blüte enthalten. Die Taubnessel muß bei trokkenem sonnigen Wetter gesammelt werden. Man schneidet die blühenden Teile der Pflanze ab und trocknet sie sorgsam im Schatten. Ist die Pflanze getrocknet, lassen sich die Blüten und die kleinen Blättchen dazwischen leicht vom Stiel streifen.

Die Taubnessel wurde schon immer als ein wirksames Mittel gegen Menstruationsstörungen verwendet. Dreimal täglich ein Aufguß aus zwei Teelöffeln getrockneten oder frischen Blüten und Blättchen helfen bei unregelmäßiger und schmerzhafter Menses, sind aber auch blutstillend bei zu starker Menstruation. Ein Tee aus Taubnessel hilft

auch bei Harnverhalten. Früher trank man den Tee auch bei Nervosität und Schlafstörungen. Bei kleinen Brandwunden und leichten Verletzungen legt man zerdrückte Taubnesselblätter auf die Wunde, das lindert die Schmerzen schnell.
Die Blätter der Taubnessel schmecken ähnlich wie Spinat, man kann sie also in allen Arten von Wildgemüsen und auch zu Salaten verwenden.

Feld-Thymian
Thymus pulegioides

Man nennt ihn auch Quendel, Wurstkraut, Marienbettstroh, Hühnerklee und Frauenkraut. Zu finden ist der wilde Thymian in ganz Mitteleuropa, wobei die Pflanze in den Mittelmeerländern aromatischer ist, als in unseren Breiten. In Deutschland findet man den wilden Thymian auf trockenen Wiesen, an Wegrändern, mitten auf Waldwegen, auf sandigen und steinigen Böden und an Böschungen. Die kleine Pflanze mit den rosa Blüten ist oft im Gras versteckt und nur an dem intensiven Duft auszumachen. Sie kann aber auch in Kolonien ganze Flächen überziehen.
Feld-Thymian kann man völlig unproblematisch in das Kräuterbeet im Garten einpflanzen. Er wächst auf jedem Boden gut an und vermehrt sich schnell.
Thymian enthält bis zu 2,4 Prozent ätherisches Öl, dessen Hauptbestandteil Thymol ist, daneben Gerb- und Bitterstoffe und antibiotisch wirkende Substanzen.
Man kann die ganze Pflanze von Juni bis Oktober ernten, am besten bei Sonnenschein, wenn sie voll aufgeblüht ist. Verwendet werden Blätter, Stiel und Blüten. Bei der Ernte muß man aufpassen, daß man die Wurzeln nicht mit ausreißt, was leicht passieren kann, denn die Pflanze ist zum Pflücken zu zäh. Man

bewaffnet sich also mit einer Schere oder einem scharfen Messer.
Frisch verwendet man den Feld-Thymian als vielseitiges Gewürz, das zu Schweinebraten, Kartoffensuppe, Soßen, Eintöpfen und Pizza paßt. Allerdings braucht man vom Feld-Thymian etwa die doppelte Menge, wie vom Garten-Thymian, man kann aber auch besser dosieren. In Essig oder Öl eingelegt, konserviert man das Thymian-Aroma über die Erntezeit hinaus.
Und natürlich wird man ihn trocknen, um auch im Winter ein schmackhaftes Gewürz und Heilkraut zu haben. Thymian trocknet man in Sträußen, von denen man je nach Bedarf im Winter die entsprechende Portion Blätter und Blüten abstreift. Zu Braten und Eintöpfen kann man ganze Zweige legen.
Als Heilkraut hat der Thymian eine starke Wirkung. Vor allem die antibiotischen Wirkstoffe helfen in Grippezeiten. Täglich zwei bis drei Tassen Thymian-Tee (2 Eßlöffel Thymian auf eine Tasse Wasser) beugen Erkältungskrankheiten vor, heilen aber auch. Das Thymol wirkt antiseptisch, hilft also gut bei Husten, aber auch bei Magen-Darmbeschwerden. Bei Menstruationsbeschwerden wirkt der Tee krampflösend und schmerzstillend.
Gegen Ohrenschmerzen bereitet man kleine Kräutersäckchen, die man trokken erwärmt und auf die schmerzenden Ohren legt.
Wer schlecht einschlafen kann, dem hilft ein nervenstärkendes, beruhigendes Thymian-Bad. Dafür läßt man eine starke Handvoll Thymian (oder ein getrocknetes Sträußchen) langsam in zwei Liter Wasser aufkochen, fünf Minuten ziehen und siebt den Extrakt in das Badewasser. Auch Keuchhustenkinder und Patienten mit starker Bronchitis sollte man in ein Thymianbad stecken. Gegen unreine Haut, Pickel und Mitesser bereitet man ein Thymian-Tonikum. Dafür setzt man 200 ml 45prozentigen Alkohol mit einem Eßlöffel Weidenrinde und je einem Teelöffel Thymian, Beinwell und Rosmarin an und läßt die Mischung zehn Tage lang durchziehen. Danach wird sie abgesiebt und täglich zweimal die unreine Haut mit der Tinktur bestrichen.

Vogelmiere
Stellaria media

Man nennt die Vogelmiere auch Sternmiere, Hühnerdarm, Meierich und Gänsegras und sie wächst sozusagen immer und überall. Vor allem Hobbygärtner verzweifeln an der Vogelmiere, weil man sie im Garten einfach nicht los wird. Man kann sie ausjäten, aushacken, untergraben, sie kommt immer wieder. Und zwar üppig und zu jeder Jahreszeit, sogar im Winter. Die Vogelmiere im Garten zeigt allerdings an, daß der Boden gut ist.
Anstatt sie auf den Kompost zu werfen – wo sie ohnehin wieder aussamt, sollte man die Vogelmiere hin und wieder in den Kochtopf wandern lassen.
Die Wirkstoffe der Vogelmiere sind bisher noch nicht ausführlich erforscht, immerhin weiß man, daß die Pflanze Kieselsäure, Kalium und Minerale enthält.
Ihr eigenartig nussiger Geschmack macht das lästige Unkraut, das man

Die Stengel der Vogelmiere sind besonders zäh. Vor der Zubereitung muß man die Pflanze deshalb mit einer scharfen Küchenschere zerschneiden oder sie im Mixer zerkleinern.

nicht nur im Garten, sondern auch auf Wiesen, Äckern, Waldlichtungen und an Wegrändern findet, geeignet zur Kombination mit anderen Wildkräutern, entweder im Salat oder im Gemüse. Doch auch allein kann man die Vogelmiere verwenden.

Ob man Vogelmiere in einen Salat mischt oder sie zum Kochen verwendet, man muß sie immer sorgsam mit einer Schere in kleine Stücke schneiden oder im Mixer zerkleinern. Die langen, kriechenden Stiele haben nämlich innen einen außerordentlich zähen »Faden«, der unzerschnitten beim Essen stört.

Tee aus Vogelmiere wird in der Volksmedizin bei Rheumaleiden, Darm-, Blasen- und Gebärmutterkatarrh verwendet. Man kocht einen Eßlöffel der ganzen Pflanze mit Blüten und Blättern mit einer Tasse Wasser auf und trinkt drei bis vier Tassen am Tag.

Trocknen lohnt sich nicht, weil man die Vogelmiere das ganze Jahr über frisch ernten kann.

Unsere Großeltern machten früher oft bei leichten Verletzungen, wie Hautabschürfungen und Ausschlägen heilende Umschläge mit frischer, zerquetschter Vogelmiere.

Eine Suppe aus Vogelmiere
Die Pflanzen werden gründlich gewaschen und im Mixer zerkleinert. Aus Butter und Mehl stellt man eine helle Mehlschwitze her, in die man die zermuste Vogelmiere einrührt. Dann füllt man soviel Fleisch- oder Hühnerbrühe auf, bis die Suppe die gewünschte Dicke hat. Soll die Suppe eine sättigende Hauptmahlzeit bilden, rührt man noch zwei oder drei zerstampfte Kartoffeln dazu. Die Suppe läßt man etwa 15 Minuten langsam köcheln, und würzt mit Salz, Dill, Petersilie und, wenn man hat, kleingeschnittenem Bärlauch. Mit gerösteten Brotstückchen oder ausgelassenen Speckwürfeln wird diese Suppe serviert.

Gemüse aus Vogelmiere
Am besten wird die Vogelmiere mit anderen Wildpflanzen – etwa Löwenzahn, Spitzwegerich, etwas Sauerampfer gemischt. Die Wildgemüse werden fein zerschnitten, dieselbe Menge Vogelmiere im Mixer zerkleinert. Alles zusammen wird in Butter kurz angedünstet und etwa 10 Minuten auf kleiner Flamme am Kochen gehalten. Inzwischen kocht man eine Scheibe Weißbrot mit Milch auf und drückt sie durch ein grobes Sieb in das Gemüse. Mit Salz und Muskat wird gewürzt – etwas Knoblauch paßt auch gut dazu.

Vogelmiere-Kuchen
Aus Vogelmiere kann man auch einen Kuchen backen. Dazu wird ein halber Liter sehr fein zerschnittene, in etwas Wasser gekochte Vogelmiere mit 150 g Mehl vermischt, so daß ein dickflüssiger Teig entsteht. Ist er zu dünn, muß man noch etwas Mehl dazugeben. 3 Eßlöffel brauner Zucker und eine halbe Tüte Backpulver werden unter den Teig gerührt und dieser in eine gefettete Kuchenform gefüllt. 1 Stunde bei 200 °C backen.

Walderdbeere
Fragaria vesca

Die Walderdbeere wächst, trotz ihres Namens, nicht direkt im Wald – zumindest nicht unter den Waldbäumen. Sie braucht nämlich viel Sonne. Man findet sie auf kurzgrasigen Lichtungen, an Waldwegen, oft in Waldnähe auf Viehweiden. Die Pflanze ist unscheinbar, die Beeren klein und oft unter den Blättern versteckt. Man muß also schon gründlich suchen. Aber es lohnt sich. Versuche, Walderdbeeren im eigenen Garten anzusiedeln, gelingen manchmal. Wichtig ist, daß das Bodenklima stimmt. Auf fetten, gut gedüngten Gemüsebeeten gedeiht die Walderdbeere nicht.
Walderdbeeren schmecken unvergleichlich besser als Gartenerdbeeren und haben eine hohe Heilkraft. Man verwendet nicht nur die Beeren, sondern auch die Blätter. Die Blätter enthalten ätherisches Öl und Gerbstoffe, die Früchte enthalten Fruchtsäuren, Enzyme, Fermente, Farbstoffe, Vitamine sowie natürlichen Zucker.
Die Blätter der Walderdbeere findet man schon im April, die Beeren reifen von Mai bis Juli. Leider findet man heute nicht mehr so reichlich Walderdbeeren, daß man sie in großen Mengen sammeln und zubereiten kann. Sie zu konservieren wäre ohnehin schade, denn sie schmecken am besten frisch gepflückt. Beim Einfrieren und Einkochen verliert sich das feine Aroma.
Hat man eine Stelle entdeckt, wo es so viele Walderdbeeren gibt, daß es sich lohnt, eine größere Portion mit nach Hause zu nehmen, dann ißt man sie am allerbesten mit Schlagsahne und etwas

Zucker, oder man bereitet daraus eine feine Nachspeise.
Mit Walderdbeeren kann man auch eine Erdbeerkur machen, vorausgesetzt, man findet genügend Beeren.
Wiederholte Obsttage, an denen man nichts anderes ißt als ein Kilo Erdbeeren, helfen bei Verstopfung, venösen Stauungen, Gelenkrheumatismus und Gicht, bei Kreislaufstörungen und Lebererkrankungen.
Aus Erdbeerblättern kocht man einen wirksamen Tee gegen Husten und Leibschmerzen. Gemischt mit Brombeer- und Himbeerblättern verwendeten unsere Großeltern die Blätter der Walderdbeere (keinesfalls die der Gartenerdbeere!!) für einen Haustee, den die ganze Familie den Winter über trank. Er schmeckt gut, ist zudem billig und schützt vorbeugend gegen allerlei Erkrankungen.
Beim Trocknen der zarten hellgrünen Erdbeerblättchen muß man aufpassen, denn zuviel Wärme zerstört die Inhaltsstoffe. Also besser an einem warmen Platz als im Backofen trocknen. Zum Fermentieren eignen sich die Erdbeerbätter nicht so gut wie die von Himbeere und Brombeere.

Schwarzwälder Erdbeer-Speise

Man läßt 500 g Walderdbeeren mit 80 g Zucker und zwei Gläsern Himbeergeist ziehen. In der Zwischenzeit rührt man 3 Eßlöffel Stärkemehl mit etwas Milch glatt. Ein halber Liter Milch wird erhitzt, das Stärkemehl und 50 g Zucker eingerührt. Nach kurzem Aufkochen wird die Milch vom Herd genommen. In die etwas abgekühlte Milch werden drei Eigelb eingezogen, das Eiweiß von drei Eiern wird zu Schnee geschlagen und unter die abgekühlte Creme gehoben. Nun mischt man die »betrunkenen Erdbeeren« unter und füllt die Speise in eine Glasschale. Garniert wird diese feine Nachspeise mit Schokoladenraspeln.

Erdbeer-Sorbet von frischen Walderdbeeren

Dies kann der Höhepunkt eines Festmahles werden. 250 g Erdbeeren werden püriert und kalt gestellt. Ein Achtel Liter Wasser wird mit 50 g Zucker und etwas Zitronensaft fünf Minuten lang gekocht und ebenfalls kalt gestellt. Ist es abgekühlt, mischt man den Zuckersaft mit dem Fruchtmus und stellt die Mischung das Tiefkühlfach des Kühlschrankes oder in die Gefriertruhe. In diesem Fall läßt man es etwa drei Stunden gefrieren. 15 Minuten vor dem Anrichten gibt man das gefrorene Mus in eine Glasschüssel, zerteilt es mit einem Messer und rührt es – am besten mit einem elektrischen Rührgerät – schaumig. In Sektschalen gefüllt kann man es mit Sekt servieren, aber auch als Halbgefrorenes essen.

Wegerich
Plantago lanceolata und *Plantago major*

Den Spitzwegerich, auch Aderblatt, Rippenkraut oder Siebenrippe genannt, findet man auf ungedüngten Wiesen und Weiden, an Wegrändern, auf Ödland, er wächst sogar durch den Asphalt der Straße. Im Garten ist er als Unkraut wohlbekannt.
Breitwegerich dagegen findet man weniger auf Wiesen, eher auf aufgelassenem Ackerland, an Wegrändern, im Trockenrasen und ebenfalls als Unkraut im Garten. Der Volksmund nennt ihn auch Heudieb, Wegbreit, Schafszunge oder Sauohr.
Im Wegerich sind Bitterstoffe enthalten, dazu Labenzym, ätherisches Öl, Aucubin und Kaliumsalze. Außerdem enthalten die Blätter bakterienvernichtende Wirkstoffe.
Breitwegerich schmeckt noch bitterer als Spitzwegerich, man verwendet also nur die ganz jungen Blättchen und recht sparsam. Wenn die Blätter größer geworden sind, lassen sich ohnehin die Blattrippen kaum noch entfernen, sie sind zäh wie Seidenschnüre. Breitwegerich kann man, genau wie Spitzwegerich, in alle Gemüse- und Salatmischungen geben, er schmeckt, fein geschnitten, auch in Quark, vor allem, wenn man ebensoviel Breitwegerich wie Bärlauch verwendet. Der bittere Geschmack wirkt pikant, wenn man nicht zuviel des Guten tut.
Spitzwegerichblätter erntet man, bevor die harten Stengel der Blüten herauskommen, die ersten Blättchen findet man oft schon Anfang April. Da Spitz-

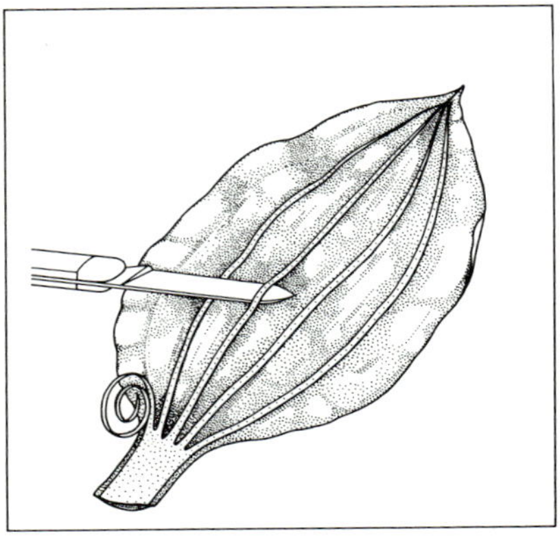

Die Blattadern des Spitz- und Breitwegerichs sind vor allem bei älteren Pflanzen sehr zäh. Man schneidet sie mit einem scharfen Küchenmesser flach vom Blatt ab, bevor man es zu Gemüse oder Salat weiterverarbeitet.

wegerichblätter ziemlich bitter schmekken, verwendet man sie besser nicht alleine zu Gemüse und Salat, sondern als Beimischung zu Wildpflanzengemüse oder auch zu geschmacklich langweiligen Gartengemüsen und -salaten. Die Bitterstoffe des Spitzwegerichs machen viele schwere Gerichte leichter verdaulich. Sind die Blätter schon größer, muß man die Blattrippen an der Unterseite mit einem Messer abziehen, denn diese sind recht zäh. Immer werden die langen Blätter klein zerschnitten. Wird der Spitzwegerich als Gemüse gekocht, so mildern Milch oder Sahne den bitteren Geschmack.

Tee aus frischem oder getrocknetem Spitzwegerich bereitet man vor allem gegen Husten und Bronchitis, er wirkt sogar mildernd bei Keuchhustenanfällen. Doch auch bei Magen- und Darmerkrankungen wirkt sich ein Aufguß aus Spitzwegerich heilsam aus, vor allem wegen der darin enthaltenen Bitterstoffe. Früher gab man pickligen Jugendlichen regelmäßig Spitzwegerichtee zu trinken, damit die Pickel verschwinden sollten. Tatsächlich wirkt Spitzwegerich blutreinigend, da er den Stoffwechsel in Schwung bringt. Und alle blutreinigenden Mittel wirken bei unreiner Haut oft wahre Wunder.

Wegerich-Quark
Zu neuen Kartoffeln schmeckt im Frühjahr Wegerich-Quark. Eine Handvoll feingeschnittener Wegerichblätter und eine zerdrückte Knoblauchzehe werden unter ein halbes Pfund Quark gemischt.

Frühlingssalat
Dazu schneidet man sauber gewaschene Blätter von Spitzwegerich, Löwenzahn, Schafgarbe, Bärlauch, Gänseblümchen und Brennessel grob und mischt sie zusammen mit einer Marinade aus 2 Eßlöffel Apfelessig (oder Blütenessig), 1 Eßlöffel Olivenöl, 2 Eßlöffel süße Sahne, Salz und etwas Zucker.

Grüne Schuhsohlen
Geeignet sind die feingehackten Blätter des Spitzwegerich, Gundermann, Löwenzahn, Thymian und Dost. Man kann auch andere Wildkräuter dazu verwenden. 500 g gekochte Kartoffeln werden durch die Kartoffelpresse gedrückt, mit den Kräutern, einem Ei, etwas Mehl und Salz zu einer festen Masse verknetet. Aus diesem Teig formt man nun flache »Schuhsohlen«. Diese Fladen setzt man auf ein gefettetes Backblech und belegt sie entweder mit Pilzen oder mit Streifen von rohem Schinken. Bei 200 °C werden sie solange gebacken, bis sie knusprig braun sind.

Frischer Spitzwegerich heilt schnell kleine Verletzungen. Hat man sich zum Beispiel beim Wandern eine Blase angelaufen, zerreibt man einige Spitzwegerichblätter zwischen den Fingern, legt sie auf die Blase, verbindet sie und wandert weiter. Spätestens am nächsten Morgen ist die Blase verschwunden.

Breitwegerich ist bei denselben Erkrankungen anzuwenden. Er wirkt sogar noch stärker schleimlösend, wird also vor allem dann bei Erkältungen angewendet, bei denen die Atemwege stark verschleimt sind. Ein gemischter Tee aus Spitz- und Breitwegerich ist immer dann angezeigt, wenn ein Husten sich nicht lösen will. Die Bereitung von Hustensirup ist auf Seite 37 beschrieben.

Wegwarte
Cichorium intybus

Die Wegwarte – so geht die Sage – soll eine verzauberte Prinzessin sein, die so lange am Wege auf ihren Liebsten wartete, bis eine Fee sie in jene leuchtend blaue Blume verwandelte, die man heute überall an Straßen, Wegen, Feldrändern und auf Schuttplätzen findet. Wirk-

Aus den Wurzeln des Löwenzahns und der Wegwarte bereitet man Ersatzkaffee. Die Wurzeln werden gewaschen und kleingeschnitten in einer Eisenpfanne ohne Fett braun geröstet und dann in der Kaffeemühle gemahlen.

lich ist sie aber die erste europäische »Kaffeepflanze«. Darum heißt sie auch wilde Zichorie. Andere volkstümliche Namen sind Verfluchte Jungfer (was wohl auf die alte Sage zurückgeht), Sonnenkraut, Wegleuchte und Wegwächter. Die Inhaltsstoffe der Wegwarte finden sich hauptsächlich in der Wurzel, die Inulin, Bitterstoffe, Aminosäuren, Gerbsäure und Kali enthält.

Früher wurde die Wegwarte auf Feldern angepflanzt und kultiviert, damit die Wurzeln besonders groß und kräftig wurden, denn aus ihnen stellte man schon im 17. Jahrhundert Zichorienkaffee her.

Die Wegwarte blüht von Mitte Juni an bis zum ersten Frost und in dieser Zeit kann man die Wurzeln auch ausgraben. Den bekömmlichen Zichorienkaffee kann man sehr leicht selbst herstellen. Die Wurzel wird dazu sauber gewaschen, mit einem Messer abgeschabt und in kleine Stücke geschnitten. In einer Eisenpfanne röstet man diese Wurzelstücke – ohne Fett versteht sich – schön braun, läßt sie abkühlen und mahlt sie in der Handkaffeemühle. Es entspricht dem heutigen Geschmack nicht mehr, reinen Zichorienkaffee zu trinken. Aber eine Prise davon gibt dem Bohnenkaffee einen sehr aromatischen und würzigen Kaffeegeschmack.

Will man die Wurzel für Tee verwenden, wird sie ebenso wie für den Kaffee gereinigt und zerschnitten, dann aber an einem trockenen Platz oder im Backofen gedörrt. Der Wurzeltee muß mindestens 15 Minuten kochen, bevor man ihn trinkt. Dieser Tee wirkt anregend auf Magen und Darm, auf Leber, Gallenblase und Nieren. Der ganze Stoffwechsel wird kräftig in Schwung gebracht, das hat sehr erfreuliche »Nebenwirkungen«. Man sollte allerdings nicht mehr als zwei Tassen Tee täglich vor dem Essen getrunken werden, da der Tee auch leicht abführend wirkt.

Frischer Wurzelsaft eßlöffelweise in Wasser oder Milch eingenommen, hat eine stark blutreinigende Wirkung.
Aus den jungen Blättern der Wegwarte kann man einen etwas bitteren aber pikanten Salat zubereiten. Schließlich ist die Pflanze auch der Vorfahre unseres heutigen Chicoree.

Wiesenschaumkraut
Cardamine pratensis

Die liebliche Pflanze mit den hell-lila oder weißen Blüten hat im Volksmund auch die Namen Regenblume, Himmelfahrtsblume, Käseblume und Kälberschwanz. Wenn sie im April und Mai für wenige Tage blüht, bedeckt sie die Wiesen und Bachränder wie mit einem hellen Blütenschaum – daher auch ihr Name. Kinder pflücken begeistert ganze Sträuße davon und sind enttäuscht, wenn sie schon nach einem Tag die Blütenblätter abwerfen.
Weniger enttäuscht sind Hobbyköche, die das Vitamin C-haltige Wiesenschaumkraut anstelle von Kresse verwenden. Es schmeckt nämlich ähnlich wie Kresse, nur nicht ganz so scharf, aber aromatischer. Während der Blütezeit sammelt man Blüten und Blätter – vor der Blüte kann man auch die jungen Blättchen sammeln, aber die finden im dichten Gras nur Kenner.
Wiesenschaumkraut eignet sich hervorragend als Beigabe zu allen Frühlings- und Wildkräutersalaten.
Allerdings sollte man dann auf den Sauerampfer verzichten, weil er die zarte Schärfe des Wiesenschaumkrautes erschlägt.

Quark mit Wiesenschaumkraut
Ein halbes Pfund Quark wird mit etwas Milch glattgerührt und mit einer feingeschnittenen kleinen Zwiebel, Salz und einem Strauß kleingehackter Blätter und Blüten von Wiesenschaumkraut gewürzt. Paßt hervorragend zu Pellkartoffeln.

Soße aus Wiesenschaumkraut
Sie paßt zu Fisch und Eiergerichten. Dazu wird aus etwas Butter und Mehl eine helle Einbrenne gemacht, ein Achtel Liter Sahne dazugerührt und kurz aufgekocht. Blüten und Blätter von Wiesenschaumkraut werden sehr fein gewiegt und in die Soße gegeben, die man dabei vom Herd nimmt. Am Schluß wird mit heißer Instantbrühe oder mit Fischsud bis zur gewünschten Konsistenz der Soße aufgefüllt.

Kartoffelklöße
Klöße bekommen mit Wiesenschaumkraut einen pikanten, ungewöhnlichen Geschmack. Man zerstampft sechs gekochte Kartoffeln (rohe Kartoffeln müssen zu lange kochen, dabei geht der Geschmack des Wiesenschaumkrautes verloren). Unter die Kartoffelmasse wird nun ein dickes Sträußchen Wiesenschaumkraut, feingewiegt, gemischt und mit einem Ei und etwas Mehl ein fester Kloßteig gerührt. In Salzwasser gargekocht, kann man diese Klöße nur mit Salat als volle Mahlzeit essen.

Inhaltsstoffe der Wildpflanzen

Alle Pflanzen, also auch die Wildpflanzen, haben bestimmte Inhaltsstoffe, die sie für uns Menschen giftig oder heilsam, unangenehm oder angenehm schmeckend machen.
Im Rahmen dieses Buches kann nicht auf alle einzelnen, zum Teil sogar in ihrer Herkunft oder Wirkung noch unerforschten Inhalts- und Wirkstoffe detailliert eingegangen werden – aber es sollen die wichtigsten Substanzen genannt und kurz erklärt werden

Ätherisches Öl

Die ätherischen Öle kommen in vielen Pflanzen vor, teils in den Blüten teils in den Blättern und Stengeln.
Ätherische Öle sind flüchtig, sie gehen bei starkem Erwärmen verloren. Aus diesem Grund wird man zum Beispiel Gewürze, die ätherische Öle enthalten, erst kurz vor dem Anrichten an die Speisen geben.
Die Wirkungsweise der ätherischen Öle ist sehr unterschiedlich. Alle wirken antibakteriell, viele reizen die Haut, andere wirken betäubend.
Einige ätherische Öle beeinflussen das vegetative Nervensystem günstig, andere wirken heilsam auf den Magen und Darmtrakt, wieder andere sind heilsam bei Husten und anderen Bronchialerkrankungen.

Bitterstoffe

Die Bezeichnung Bitterstoffe ist nur ein Oberbegriff für verschiedene, chemisch nicht miteinander verwandte Verbindungen, denen nur der bittere Geschmack gemeinsam ist. Bitterstoffe wirken über die Geschmacksnerven im Mund und die Speicheldrüsen, die sie anregen. Sie regen aber auch die Drüsen im Verdauungstrakt an, deshalb wirken Bitterstoffe in aller Regel appetit- und verdauungsfördernd.

Flavonoide

Flavonoide leiten sich chemisch gesehen von den Phenolen ab. Sie wirken in erster Linie durchblutungsfördernd, schweißtreibend, harntreibend. Bestimmte Flavonoide wirken auch gegen Leberleiden, Magengeschwüre und andere Entzündungen.

Gerbstoffe

Gerbstoffe kommen in sehr vielen Pflanzen vor. Sie wirken äußerlich, indem sie die Haut widerstandsfähig machen gegen Erkrankungen. Innerlich wirken Gerbstoffe gegen Durchfälle, aber auch reizmildernd und heilungsfördernd. Sie sollten niemals ständig über längere Zeit angewendet werden.

Saponin

Saponin gehört zu den Glykosiden. Es reizt die Schleimhäute und wirkt dadurch hustenlösend.
Saponin steigert aber auch die Ausscheidungen von allen Körperdrüsen, wie Leber und Nieren und wirkt deshalb blutreinigend.

Schleimstoffe

Viele Pflanzen enthalten Schleimstoffe. Die Schleimstoffe schützen die Schleimhäute der oberen Luftwege und des Magen-Darmtraktes. Sie dürfen, wenn sie als Tee genommen werden, nicht abgekocht werden, sondern sollten kalt angesetzt werden.

Vitamine

Vitamine sind in vielen Pflanzen enthalten und zwar in den Früchten, in den Blättern und in den Sprossen, manchmal sogar in den Wurzeln. Der menschliche Organismus braucht Vitamine, dringend sogar. Und gerade in Wildpflanzen sind diese Vitamine in weit höherer Konzentration enthalten als in den Kulturpflanzen.
Das Vitamin A wirkt sich positiv auf die Haut, die Schleimhäute, die Schilddrüse und die Leber aus. Unreine Haut kann durch Vitamin A-Gaben günstig beeinflußt werden. Auch die Leber wird vom Vitamin A geschützt, zu starke Schilddrüsenfunktion wird gehemmmt.
Mit die wichtigsten Vitamine sind die des B-Komplexes. Vitamin B 1 wirkt günstig auf den Nervenstoffwechsel und ist auch am Eiweiß- Fettstoffwechsel beteiligt. Vitamin B 2 fördert während der Entwicklung das Wachstum und die Gewichtszunahme und ist heilsam bei Sehstörungen. Das Vitamin B 12 ist eines der wichtigsten B-Vitamine. Es ist zur normalen Blutbildung und zur normalen Funktion des Nervenstoffwechsels notwendig und ermöglicht dem Körper die volle Ausnützung der Eiweißkörper. Es wird vor allem bei Blutarmut und Schwächezuständen nach Operationen und Infektionskrankheiten verordnet.
Vitamin H (Biotin) macht vor allem eine glatte, gut durchblutete Haut und reguliert den Cholesteringehalt des Blutes. Vitamin P (Rutin) setzt die Durchlässigkeit der Kapillaren (der kleinen Blutgefäße) herab, es verhindert also Gefäßblutungen. Außerdem unterstützt es die Wirkung des Vitamin C.
Das Vitamin C ist für einen gesunden normalen Stoffwechsel notwendig, wird aber vom menschlichen Körper nicht selbst produziert. Also muß man es ihm zuführen – und viele Wildpflanzen enthalten große Mengen davon, mehr noch als Zitrusfrüchte. Vitamin C schützt vor Erkältungs- und Infektionskrankheiten, es baut aber auch bei Schwächezuständen wieder auf, hilft bei der Erneuerung des Knochenmarkes und bei der Blutbildung. Vitamin C beschleunigt die Abheilung von Entzündungen und beeinflußt günstig die Neubildung von Knorpeln und Knochen. Sogar Keuchhusten kann durch Gaben von Vitamin C gemildert werden. Auch die Wirkung von Giften wird herabgesetzt. Vitamin E schließlich ist das Fruchtbarkeitsvitamin, das auch auf das Bindegewebe und den Muskelstoffwechsel eine regenerierende Wirkung hat.

Verwendungsbereiche der Wildpflanzen

	Salate	Beigabe, Gewürz	Gemüse	Essig + Öl	Wein	Likör	Tee	Saft	Gelee	Marmel.	Sirup	Heilmittel	Farbstoff	Besondere weitere Verwendung
Ackerkratzd.			x											
Ackersch.halm												x		Pflanzenschutz
Bärlauch	x	x	x	x								x		
Beinwell			x									x		Düngung
Birke	x						x					x	x	
Brennessel	x	x	x				x					x	x	Düng., Pfl.schutz
Brombeere		x			x	x	x	x	x	x	x	x	x	
Brunnenkresse	x	x										x		
Dost		x		x								x		
Eberesche					x	x			x	x	x	x		
Tanne, Fichte						x					x	x		
Gänseblümchen	x	x	x				x					x		
Giersch	x	x	x				x					x		
Gundelrebe		x					x					x		Badezusatz
Heckenrose						x								
Hagebutte					x	x	x			x		x		Kand.H., Konfekt
Haselnuß						x				x			x	
Heidelbeere					x	x	x	x		x		x		
Himbeere				x	x	x	x	x	x	x	x	x	x	
Hirtentäschel												x		
Holunder		x			x	x		x	x	x		x		Holundersekt

	Salate	Beigabe, Gewürz	Gemüse	Essig + Öl	Wein	Likör	Tee	Saft	Gelee	Marmel.	Sirup	Heilmittel	Farbstoff	Besondere weitere Verwendung
Huflattich		■	■								■	■		
Johanniskraut				■			■					■	■	
Kamille							■					■	■	
Linde		■					■					■		
Löwenzahn	■		■				■		■		■	■		
Malve	■		■				■					■		
Pfefferminze		■		■		■	■		■			■		
Rotklee	■		■				■							
Sauerampfer	■	■	■										■	
Sauerklee		■												
Schafgarbe	■	■	■				■					■	■	
Schlehe				■	■	■				■		■		
Schlüsselblume	■	■		■								■		
Steinklee														Mottenmittel
Taubnessel	■		■									■		
Thymian		■		■			■					■		
Vogelmiere	■	■	■											
Walderdbeere						■	■	■				■		
Wegerich	■	■					■				■	■		
Wegwarte	■						■							Zichorienkaffee
Wiesenschaumk.	■	■												
Roter Holunder												■		Hustenmarmel.

Ernte-Kalender

Ein Erntekalender kann nur hilfreiche Hinweise geben, denn selbstverständlich ist die Vegetation in verschiedenen Landstrichen nicht gleich. Bis zu sechs Wochen Unterschied können beispielsweise zwischen der Ernte in einem warmen Weinbauklima und einer Gebirgsregion auftreten. Wie schon gesagt, ist die Natur kein Supermarkt, in dem es immer alles gibt. In diesem Erntekalender ist jeweils der frühestmögliche Erntetermin angegeben. Wenn also die erste Ernte des Löwenzahns in der Tabelle Mitte Februar eingetragen ist, so gilt das für eine warme Gegend und einen milden Winter. Dasselbe gilt zum Beispiel für die Heidelbeeren, die laut Kalender im August reif sind. Nach langen Wintern, in höheren Lagen oder absonnigen Plätzen können Löwenzahn auch erst im April, Heidelbeeren im September erntereif werden. Jeder, der in der Natur ernten möchte, ist also auf seine eigenen Beobachtungen angewiesen.

Pflanze	Jan.	Feb.	März	April	Mai	Juni	Juli	Aug.	Sept.	Okt.	Nov.	Dez.
Acker-Kratzdistel					Sprossen	Blüte →	→	→	→			
Ackerschachtelhalm			Sprossen →	→			ganze Pflanze →	→	→			
Bärlauch			Blätter →	→	→							
Beinwell				Sprossen →	→ Blätter →	Wurzeln →	→	→	→			
Birke				Blätter →	→							
Breitwegerich				Blätter →	→	→						
Brennessel			Triebe →	→	→ ganze Pfl. →	→	Triebe →	→	→	→		
Brombeere					Blätter →	→			Beeren → Blätter →	→	→	

Brunnenkresse			ganze Pflanze →									
Dost							ganze Pflanze →					
Eberesche										Beeren		
Erdbeere				Blätter	Beeren →							
Fichte			Triebe →									
Gänseblümchen			Blüten + Blätter →									
Giersch				Blätter →								
Hagebutte					Blüte				Früchte →			
Haselnuß									Früchte →			
Heidelbeere							Beeren →					
Himbeere				Blätter →		Beeren →						
Hirentäschel			ganze Pflanze →									
Hollunder rot								Beeren →				
Hollunder schwarz					Blüte			Beeren →				
Huflattich			Blüte	Blätter →								
Johanniskraut						Blüten →						
Kamille					Blüte →							
Linde					Blüte →							

Pflanze	Jan.	Feb.	März	April	Mai	Juni	Juli	Aug.	Sept.	Okt.	Nov.	Dez.
Löwenzahn		Blätter →			Blüte →							
Malve				Triebe	Blüte + Blätter →							
Pfefferminze						ganze Pflanze →						
Rotklee					Blüte →							
Sauerampfer			Blätter →									
Sauerklee				Blätter →								
Spitzwegerich				Blätter →								
Schafgarbe			Blätter →			Blüten →						
Schlehe				Blüte →						Beeren →		
Schlüsselblume			Blüten Blätter →									
Steinklee						Blüte →						
Taubnessel					Blüte →							
Thymian						ganze Pflanze →						
Vogelmiere		ganze Pflanze →										
Wegwarte						Blüte →			Wurzel →			
Wiesenschaum-kraut				ganze Pflanze →								

Literatur

Aichele, D. u. a.: Was grünt und blüht in der Natur? Franckh'sche Verlagshandlung, Stuttgart 1983.

Aichele, D., Schwegler, H.: Der Kosmos-Pflanzenführer. Franckh'sche Verlagshandlung, Stuttgart 1978.

George, H.: Likörbereitung. 6. Aufl. Verlag Eugen Ulmer, Stuttgart 1982.

Jaekel, E.: Gärten nach der Natur. Verlag Eugen Ulmer, Stuttgart 1983.

Kircher, U.: Mit Pflanzen färben, Walter Kircher Verlag, Marburg 1979.

Launert, E.: Der Kosmosführer: Wildkräuter. Franckh'sche Verlagshandlung, Stuttgart 1983.

Naturschutzrecht. dtv Beck Texte, München.

Rote Liste der gefährdeten Tiere und Pflanzen in der Bundesrepublik Deutschland. Hrsg. von J. Blab, E. Nowak, W. Trautmann und H. Sukopp. 4. Aufl. Kilda-Verlag, Greven 1984.

Rote Liste der gefährdeten Tiere und Pflanzen. Hrsg. von der Landesanstalt für Pflanzenschutz in Baden-Württemberg.

Schillinger, J., Künkele, S.: Naturschutzrecht für Baden-Württemberg. Kohlhammer Verlag, Stuttgart 1984.

Schneider, E.: Nutze die heilkräftigen Pflanzen. Saatkorn-Verlag, Hamburg, o. J.

Schneider, E.: Nutze die Heilkraft unserer Nahrung. Saatkorn-Verlag, Hamburg, o. J.

Vogel, W.: Wein aus eigenem Keller. 2. Aufl. Verlag Eugen Ulmer, Stuttgart 1984.

Sachregister

JEDER BAND NUR DM 14,80

Das Jahr im biologischen Gartenbau von → R. Eichenberger. 127 S., 70 Farbf., 16 Zeichng. Für → Gartenliebhaber, die ohne „Chemie" gute Nahrungsmittel anbauen und ernten wollen. Mit → **Aussaat-** und **Arbeitskalender,** der die jeden Monat richtigen Arbeiten verdeutlicht. (UT 3).

Bäuerliche Gärten von → W. Dittrich. 128 S., 70 Farbf., 28 Zeichng. → Ein hochaktuelles Werk, denn Bauerngärten erleben z. Z. eine **Renaissance.** Mit Darstellung der → wichtigen Gestaltungselemente, der Heil-, Gewürz- und Duftpflanzen, sowie der Gemüsearten. (UT 6).

Rasen- und Blumenwiese von → J. Wohlschlager. 128 S., 76 Farbf., 38 Zeichng. → Beide – Rasen und Wiese – verlangen **fundierten Ratschlag.** Stark im Kommen ist die Blumenwiese. → Das Buch gibt Hinweise zu richtig ausgesuchten Standorten und empfiehlt harmonische Pflanzen-Kombinationen. (UT 8).

Obstbäume in Töpfen von → W. Brettschneider. 126 S., 65 Farbf., 43 Zeichng. → Ein im Frühling herrlich blühendes und im Herbst sogar früchtetragendes Obstbäumchen auf der Terrasse oder dem Balkon **erfreut** jedes Herz. → Dieses Buch gibt erschöpfend Auskunft, wie man's anfängt. (UT 11).

Gehölze pflanzen und pflegen. Von → A. Bärtels. 127 S., 56 Farbf., 87 Zeichng. → Dieser kompetente **Ratgeber** schützt vor falscher Behandlung von Bäumen und Sträuchern. → Er berät auch über Düngung, Bewässerung, Pflanzenschutz und über den Schnitt. (UT 5).

Der Winterschnitt von Obst- und Ziergehölzen von → G. Pardatscher. 126 S., 61 Farbf., 44 Zeichng. → Der Autor sagt, wie man **alles selber** macht, die → Kronenziehung, Schnittbehandlung von Stein- und Beerenobst, von Ziergehölzen und Rosen. Bis hin zum Erhaltungs- und Verjüngungsschnitt, der Wundbehandlung und dem richtigen Werkzeug (→ Hilfsmaterial) wird alles behandelt. (UT 4).

E.U.

VERLAG
EUGEN
ULMER